U0122084

金钱的
背后是人

高盛交易员
眼中的货币经济

お金のむこうに
人がいる

[日] **田内学** ___ 著 宋刚 岳忠昊 ___ 译

机械工业出版社
CHINA MACHINE PRESS

OKANE NO MUKO NI HITO GA IRU

by Manabu Tauchi

Copyright ©2021 Manabu Tauchi

Simplified Chinese translation copyright ©2023 by China Machine Press Co.,Ltd.

Original Japanese language edition published by Diamond, Inc.

Simplified Chinese translation rights arranged with Diamond, Inc. through BARDON CHINESE CREATIVE AGENCY LIMITED.

This edition is authorized for sale in the Chinese mainland (excluding Hong Kong SAR, Macao SAR and Taiwan).

本书中文简体字版由 Diamond, Inc. 通过 BARDON CHINESE CREATIVE AGENCY LIMITED 授权机械工业出版社在中国大陆地区（不包括香港、澳门特别行政区及台湾地区）独家出版发行。未经出版者书面许可，不得以任何方式抄袭、复制或节录本书中的任何部分。

北京市版权局著作权合同登记　图字：01-2023-2152 号。

图书在版编目（CIP）数据

金钱的背后是人：高盛交易员眼中的货币经济 /（日）田内学著；宋刚，岳忠昊译 . —北京：机械工业出版社，2023.10

ISBN 978-7-111-73765-0

I. ①金… II. ①田… ②宋… ③岳… III. ①货币和银行经济学 – 研究 IV. ① F820

中国国家版本馆 CIP 数据核字（2023）第 163237 号

机械工业出版社（北京市百万庄大街 22 号　邮政编码 100037）

策划编辑：顾　煦　　　　　　　　责任编辑：顾　煦
责任校对：丁梦卓　王　延　责任印制：张　博
北京联兴盛业印刷股份有限公司印刷
2024 年 1 月第 1 版第 1 次印刷
147mm × 210mm · 8.25 印张 · 1 插页 · 126 千字
标准书号：ISBN 978-7-111-73765-0
定价：69.00 元

电话服务　　　　　　　　　　网络服务
客服电话：010-88361066　机 工 官 网：www.cmpbook.com
　　　　　010-88379833　机 工 官 博：weibo.com/cmp1952
　　　　　010-68326294　金 书 网：www.golden-book.com
封底无防伪标均为盗版　机工教育服务网：www.cmpedu.com

"糊弄人"的经济学术语

还记得小时候,我喜欢读一本叫《头脑体操》的书。书中大概有这样一道思考题:"房间里有两对母女,总共却只有三个人,请问这是为什么呢?"

那本书仿佛是十万个为什么,思考这些谜题时万万不能拘泥于以往的常识。

这道题的答案是:"因为房间里的三个人分别是女儿、母亲和外祖母。"

原来,房间里的两对母女是"女儿和母亲"以及"母亲和外祖母"。

解答书中的这些谜题并不需要什么专业知识。也正因为如此，当我们思考每一个问题时，无论男女老少都能站在同一起跑线上。

最为严峻的经济学问题

长大后的某个夜晚，我打开电视机，看到几位经济学家正在唇枪舌剑地争论。

讨论的焦点是利率政策的调整对经济的影响。

见此情景，我拿起电视遥控器急忙换台。当时心想，这种无聊的经济话题就该交给这帮经济学家，问答类综艺比这有趣多了。

实际上，无论是问答类综艺还是《头脑体操》，只要遇上一个问题我们总会忍不住去思考它的答案。然而即便如此，一旦遇上"经济学问题"，我们却总想着一股脑儿地交给经济学家。可经济学明明与我们的生活息息相关，为什么会出现这种情况呢？我们所处的社会中存在的经济学问题不胜枚举。

但在这其中，我认为最为严峻的应该是以下这个问题。

即，绝大多数人对经济类话题毫无兴趣。

曾经的我是如此。不知正在阅读本书的你是否也是如此？

相信我们在儿时都会对身边形形色色的人充满好奇，心中有过许多疑问。我也相信，即便是有关经济和金钱的话题，大家也一定产生过兴趣。

我们假设一个孩子萌生了这样一个疑问。

"既然金钱存在价值，那我们为什么不能自己复印一些钱花呢？"

当孩子发现自己如何思考也无法得到答案时，他便会求助身边的大人。然后，大人会告诉他："因为偷偷印钱是会被警察叔叔带走的。"

于是，孩子接着问道："咦，这是为什么呢？自己印钱是一件坏事吗？"

此时大人会继续讲，"因为钱的数量越多，钱的价值就会越低。"接着孩子会联想到，好像超市里那些卖不出去而堆积如山的香蕉都很便宜。同样的道理，如果我们有过多的钱，那么钱的价值也会随之变低。

即便如此，孩子心中的疑问还是没有得到解答。听说日本政府光靠税收是不足以支付各项支出的，还得大量借钱。

"既然钱都不够花，那是不是说印点钱也没问题呀？"

这时就轮到专家出场了。专家说："为了防止恶性通货膨胀，日本央行会控制纸币的发行量。"

专业术语一冒出来，孩子顿时就失去兴趣。一旦失去兴趣，就不想再做过多思考了。心想：反正我就是一个局外人，经济方面的问题还是交给专家吧。

谜题的答案本应该出人意料且趣味十足，可若你不了解专业术语的含义，那么就只能被迫打退堂鼓了。

我在步入社会以前也是这样的局外人，但自从进入高盛工作之后，我也渐渐开始思考有关经济的问题。我在那里从事利率交易工作，主要涉及日本国债，也就是日本政府借的钱。交易对象包括银行、保险公司等金融机构，以及全球的对冲基金，一次交易量就可达到数百亿乃至上千亿日元。

在这种交易工作中，对经济形势的误判将是致命的。因此，我在16年工作生涯中无时无刻不在思考经济和政府债务等有关"钱"的问题。然而我在自己思考的时候可从来没用过什么专业术语。可见，有时专家使用专业术语就是为了糊弄别人。毕竟这世上可没有人愿意糊弄自己。

所以，如果你觉得经济类话题令人费解，那这绝不是你的问题。

只要不出现专业术语，我们就都能站在同一起跑线上进行思考。因此本书中不会出现任何专业术语或者复杂的公式，即便出现也只是一些简单的加减法。说实话，我本身也不擅长说话时夹着几个专业术语。

本书的创作起源于我和两个经济学"谜题"的相遇。第一个谜题是"政府债务之谜"。为什么日本政府能背负1000万亿日元的债务而不破产呢？全世界的对冲基金都在赌日本政府会破产，企图卖空日本国债大赚一笔，然而其中绝大多数人只能铩羽而归。这就是因为他们未能解开这个谜题。

第二个谜题是从小学就令我困惑的"荞麦面之谜"。

我的父母在乡下经营着一家荞麦面馆。父母二人负责下厨上菜，面馆楼上二层就是我们家住的地方。

每到星期六中午，一楼就会有客人点一碗400日元的荞麦面，而我会在二楼免费吃一碗同样的荞麦面。两碗都是父母做的一模一样的荞麦面。

在一楼吃面的客人中，偶尔有人会摆架子，嚷嚷"我可是付了钱的！"可我从来都不会冲着给我做饭的父母摆架子。这难道不是理所当然的吗？

那为什么父母辛辛苦苦给别人做饭吃，而他们的地位还会如此之低？当时我觉得大人们的世界蛮横不讲理，简直无法理喻。

"金钱有那么伟大吗？难道劳动者就不伟大吗？"

这就是多年来萦绕在我脑海中的谜题。相信许多已经工作的人或多或少也意识到这些问题，可在现实面前又不得不感叹经济运转本就如此。

但是，在高盛这种沉浸在资本主义中的公司工作之后，我坚定了以下这样的看法。金钱并不伟大，经济要以人为中心而不是以钱为中心。

我并不是在跟各位讲道德，这可是正儿八经的经济话题。

刻苦钻研最纯粹的经济学之后我才明白，经济学的终点是"人"而不是钱。

实际上，无论是"荞麦面之谜"还是"政府债务之谜"，究其根源都是一样的。

而那些常年混迹于金融、经济领域的对冲基金交易者无法解开"政府债务之谜"，就是因为他们眼里只有钱，反而忽略了"劳动者"的影响。

人是经济中毋庸置疑的主角。谁在劳动，谁会幸福。只要以人为中心思考经济问题，我们就可以凭借直观感受体会经济的动向。

本书主要由 3 部分构成。

第 1 部分，我们从打碎对金钱的崇拜开始。我们不能过于崇拜那些可以购买商品、衡量价值的金钱。只要打破了金钱崇拜，就可以理解那些暗藏其中的人与人的关系，以及为什么要坚持以人为中心的经济。

第2部分，我们会从以人为中心出发，从零开始重新认识经济。经济因人而存在。我们不能向"一切为了经济"这句话低头，不能受其蒙骗。如果让那些一切向钱看、只主张"经济效果"的政策优先得到推行，那么只会劳民伤财。

第3部分，我们探讨的是涉及社会整体的问题。实际上，社会问题无法靠钱解决。但如果将思考问题的核心从钱转向"人"，我们就能触及问题的本质。我们会共同思考当下我们应当做的事情。

相较于第1部分有关钱的话题，我相信一些读者可能会对社会当中存在的问题更加感兴趣。另外，有些人也会认为自己对经济已具备相当的知识。我推荐这部分读者也从第1部分开始读。若从第3部分开始读，则本书内容恐怕只剩一堆钱币了。

在本书结尾，我会和读者们共同思考另一个谜题。

这是本人撰写本书的出发点，遗憾的是我至今也未能找到答案。因此我希望可以有更多人看到并思考这个问题。

希望各位读者在阅读之后，能拥有如下感受。

"经济学问题不能单单丢给经济专家。只有我们共同思考，未来社会才能更美好。"

目 录 ◀ CONTENTS

第 2 章 为什么在家门外就得花钱

第 3 章 有价格却无价值的东西是什么

第4章 金钱和劳动者哪个更伟大

第2部分
"社会钱包"不分内外

第5章 为什么拥有大量存款的
国家不被认为是富裕的

第 6 章　投资与赌博有何不同

第 7 章　经济不增长，我们的生活会更苦吗

第 3 部分
具有社会普遍性的问题不能靠金钱解决

第 8 章　贸易顺差也没法充实我们的生活吗

第 9 章　为什么印太多钞票会导致物价上涨

第 10 章　为什么有些国家到处借钱也不会破产

第 11 章　为了更好的明天，增加更多的金钱有意义吗

第 1 部分

"社会"
就在你的
钱包之外

如果所有人都在星期天休息。为了度过一个愉快的周末，下列准备工作中不正确的是哪项？

A 在工作日内提前完成作业或功课。

B 在工作日内做完洗衣服、打扫等家务活。

C 在工作日内打工上班，赚钱攒钱。

"我们生活在互相依赖的社会当中。"

如果你听到我这样一个身处于资本主义旋涡当中的人说出上面这一番话，你或许会皱起眉头，心里嘀咕这人葫芦里卖的什么药，觉得我只会说漂亮话，指不定又在琢磨怎么骗人。

不过话说回来，在现代社会条件下，我们确实很少有机会能亲身体会到我们是如何在社会当中互为依靠的。

"金钱撑起了我们的生活。我和家人赚到的钱是我们赖以生存的支柱。"

如果你的脑海中只浮现出这样一番话，你就很难抵达问题的终点。如果你这样想，那么你会很轻易地认为，平日里工作赚钱是为了度过一个悠闲的周末。

然而 C 选项是错误的。因为如果没有周末上班的人们，那么周末也就不会有花钱的机会。

即，没有工作的人，金钱就会失去力量。

可能有人会觉得，这种周末难题缺乏现实性。在这里，我们不妨将"星期天"换成"退休"再重新思考一下。

"所有人都想着老了以后退休。为此，下列准备工作中不正确的是哪项？"

虽然不会所有人都同时退休，但人口老龄化所带来的在职人员的相对减少的确是事实。和刚才的问题类似，存钱解决不了这个问题。可即便如此，我们还是容易将"退休问题"误认为是"金钱问题"。

金钱才是生活支柱的错觉一旦形成，人们就会只对钱包里的钱感兴趣。然而当我们观察现实生活则会发现，我们所经历的每一天都需要成千上万名劳动者的勤恳劳动来维持运转，哪怕一天不出门也是如此。

清晨起床，拧开水龙头就有水喝，不是因为你交了水费，而是因为在你看不见的地方凝结着许多人的劳动。管理水源地的人、检查水质的人、维护水管的人……我们能喝上水靠的是他们的劳动。假设我们住在无人岛上，即便花再多钱也无法这么方便地喝上一杯水。

同理，你的工作也在服务着他人。在家中，你做的每一件家务活都在服务着家人。在外面，你做的每一件工作也在服务着素不相识的人。

即便有些工作看不出来是在服务，但在这世界上一定有人是这份工作的"客人"。倘若沿着给你付工资的人顺藤摸瓜，就一定会抵达某位客户。你的工作必定会帮到某个人。

由此可见，社会正处于你的钱包之外。我们每一个人都是互相依赖的社会个体。但如果我们眼里只有钱包里的钱，眼中的世界就会变成自己一人的独角戏，现实社会也会变得和自己毫无关系，由此便会产生"人只靠钱就可以生存"的错觉。

许多人相信，现在好好攒钱就可以打消对养老问题的忧虑。这种想法就好比一个人手里攥着钞票,在茫茫森林中独自游荡。这样当然是无法抓住幸福的。

我们之所以会在森林中迷路,根本原因在于手中的"经济指南针"出了问题,现在我们手中的这个指南针上,指针只能指向"金钱"的方向。

经济指南针

◎— 金钱拥有价值

我们所熟悉的金钱往往只存在于钱包内。比如:

如何赚钱?

如何增加财富?

如何存钱?

然而我们很少有机会思考"钱包之外"的世界。

我们并不是孤独地走在各自的森林里,而是共处于同一片森林中。我们在这里相互依赖、相互帮助。只要手握正确的指南针,我们就能发现那些在森林里相互支撑的人,也就不会在密林中迷失方向。

在第 1 部分,我们将会把视线放到钱包之外,进一步提高经济指南针的精度。

首先,让我们来一起重新认识金钱的价值吧。

第 1 章

为什么
不能复印
纸币呢

如果说纸币拥有价值，那么似乎只要我们不断印钱，社会中的总
价值量就会无限增加。

但复印纸币已被严令禁止。

其原因就隐藏在我们使用纸币的历史中。

为什么所有日本人都愿意使用纸币呢？

A 因为纸币可以兑换金子。

B 因为公民需要纳税。

C 因为日本央行会保障其价值。

答案 **B**

纸币本身不存在价值

假如你偶然得到了一张陌生的纸币会发生什么呢?

一日,你经营的花店里来了一位陌生的客人。他一边说"我想买一朵花",一边递给你一张陌生的纸币。那似乎是一张外国的纸币。你并不知道这张纸币的价值,甚至怀疑这究竟是不是真钱。如此可疑的纸币,你是否会答应用它来交换你心爱的商品呢?

我们无法从陌生的纸币中感受其价值。哪怕是我们平日里常见的一万日元钞票,对于住在亚马逊雨林深处的土著而言也无法交换任何物品。

也就是说，虽然我们能够感受一万日元钞票的价值，但我们无法将其展示给亚马逊的土著。换句话讲，一万日元钞票本身并不具有价值。

那为什么我们会认为纸币拥有价值呢？

让我们翻开辞典或专业书籍，很快便能找到这样一条解释："政府会保障纸币的价值，而公民也会信任其价值。"

再往下看，你就能知道政府和央行如何维持和保障纸币的价值。

话一说到这里，相信不少人已经开始昏昏欲睡了。

其实纸币的价值与使用的确离不开政府的保障。可究竟有多少人在掏钱时会意识到这一点呢？

我相信绝大部分人都会以"大家都在用""大家都相信它的价值"等单纯的理由在使用纸币。

但是在日本有一个这样的组织，它拒绝承认纸币的价值。

它就是日本央行。它每年都会将大量纸币化为废纸。

正是在这匪夷所思的现象背后，隐藏着纸币价值谜题的答案。

所有票券都是"对未来的承诺"

就在不久前，日本央行有一个参观项目。每一位参观者都能得到一支圆珠笔，笔杆上贴着碎纸机切碎的一万日元钞票。把一万日元的钞票扔进碎纸机，这何止是浪费。但问题是，日本央行怎么能舍得把纸币切碎呢？

当我们细看一万日元就会发现，上面写着"日本银行券"的字样。也就是说纸币属于"券"的一类，相当于一种"票券"。

旅游代金券、商场优惠券以及小时候送给父母的肩部按摩券，这些票券的共同点是"对未来的承诺"。发行票券的人会向持有票券的人做"承诺"。电影票就是让你看电影的承诺，肩部按摩券就是要给你按摩肩膀的承诺。

比方说你在母亲节送给妈妈 10 张一次 30 分钟的按摩券。

妈妈很快就用了第 1 张。30 分钟的肩部按摩让你筋疲力尽，一想到后面还有 9 张按摩券你便后悔不已。

可惜没有办法，剩下 9 次按摩只能老老实实地做完。于是，你又为妈妈按摩了 2 次肩膀。

然而到了第 4 次的时候，来按摩肩膀的是隔壁的阿姨。她说自己送了妈妈 10 个自家种的柿子，于是从妈妈那里得到 2 张按摩券作为还礼。

第 5 张按摩券的客人是邻居家的初中生。他说自己帮隔壁的阿姨打扫了院子，然后从阿姨那里得到了 1 张按摩券作为零花钱。

你的那张"按摩券（1 次 30 分钟）"被用去交换了柿子、交换了打扫院子。此时，这张纸条就不再是简单的纸条，而开始发挥与纸币一样的作用。你跟妈妈讲起这件事，才得知妈妈手里已经没有按摩券了。剩下的按摩券早已被换到别人的手里。

第 6 张、第 7 张……你连着为几个素不相识的人按摩肩膀后，终于没有人再来找你按摩了。你按摩的手艺已经在小区传开，剩下的 3 张券就像纸币一样流通起来。

如今，小区里的所有居民都感受到这张券的价值。

哪怕有人在地上捡到 1 张你的按摩券，也会如获至宝地塞进自己的腰包。

然而，只有一个人在地上捡到这张券后会毫不犹豫地撕掉它。这就是你自己。对于你而言，这张券就是一个让你白干 30 分钟的祸害。

日本银行券也是如此。从发行方日本央行来看，这张纸条的价值完全为负数。所以只要撕了它，银行就能从这张纸所带来的承诺中解脱了。

那么问题来了。日本央行在纸币中所做的"承诺"是什么呢？

纸币原本是金子的兑换券

从前，纸币是用来兑换金子的。

换句话说，纸币原本是存放金子时的"存证"。

在那个人类还没有发明纸币的时代，人们会用金子或银子来买东西。可是当人们要花大钱的时候，怀里揣着沉甸甸的金条未免有些危险。

于是，买家会把金子存放在兑换商的手里，然后拿着存证去卖家那里买东西。买完之后卖家又会拿着存证去找兑换商，就能随时兑换出自己赚来的金子。

渐渐地人们发现，其实不用每次交易都找兑换商换金子，只要等下一次交易的时候把存证给对方就够了。这样，存证就越来越接近当今的纸币。

随着时间推移，日本国内如今能够发行纸币的只剩下日本央行一家。日本央行发行1万亿日元的纸币，就说明日本央行的金库里存放着价值1万亿日元的金子。只要拿着纸币走进央行，随时都可以兑换出金子来。

纸币的出现令人们不用天天揣着沉甸甸的金子，但由此也引发新的问题。那就是随着货币经济的发展，人们需要更多的纸币。但金子的总量是有上限的。如果不继续开采或进口金子，就没法发行更多的纸币。

于是人们修改法律，取消了日本央行用纸币兑换金子的义务。即便如此，没有一个人会感到不方便。此时的人们已经习惯于使用纸币，就像现在的我们一样相信纸币的价值。

可即便是日本央行也不能想印多少钱就印多少，于是他们选择了用国债[⊖]替代金子。如果日本央行要发行 10 万亿日元，那么就需要用这些纸币购买 10 万亿日元的国债，然后新发行的纸币才可以流通。

就这样，纸币价值的支柱从金子变为国债，可我们却再也无法像以前一样用纸币兑换国债了。因为如此一改，日本央行就不需要兑现任何承诺。但即便如此，我们依然会想要更多的纸币。

难道我们是被骗了吗？

其实我们不是被骗了，而是被"威胁"了。

胖虎演唱会的票为什么总是能卖光

要知道，有时候我们买票可不一定是因为看上了这张票的价值。

《哆啦 A 梦》里胖虎的演唱会永远是座无虚席的。明

⊖ 日本国债指日本政府发行的债券。相当于日本政府借债的借据，持有国债可以定期获得利息，一定期限后可以回本。

明没有人想听胖虎那五音不全的歌声，但每一个人都会抢着要演唱会的门票。

原因很简单。只要你不去演唱会就会被胖虎揍得鼻青脸肿。换种说法就是，胖虎演唱会的门票就是"不被胖虎揍"的承诺。

事实上我们会用纸币也是出于同样的原因。我们会迫切地追求纸币，是因为如果不用纸币，我们就会被抓到牢里。这虽然看上去不可置信，但要知道我们的法律可是明文规定了这一点。

这就是纳税。税必须使用日元（纸币或硬币）缴纳。如果有滞纳税款的话就会有国税厅的人上门征税，要是还不交税就会被关进牢里。正是因为有这样一条法律，所以我们才会使用日元。

所以本章开头提到的问题的正确答案是 B 选项"因为公民需要纳税"。A 选项"因为纸币可以兑换金子"和 C 选项"因为日本央行会保障其价值"都不能构成人们使用纸币的理由。

一直到江户时代，日本人平时还是在以白银、铜钱、

小判金以及大米等东西来买卖商品或支付工资，而非日
元。但从明治时代开始，日元货币突然得到普及。其中，
1873 年的地租改革极大地促进了"日元的普及"。可惜当
我在历史课上学到这个年份的时候，还没有意识到这个
知识点的重要程度。

历史老师在课上划的重点是："地租改革指税收与大
米收成脱钩，向土地所有者统一收税。"而在金钱的历史
上最重要的一条则是"政府只承认以日元货币纳税"。

从此往后，只有日元货币才可以用来纳税，不仅金
子、大米不可以，甚至美元都不行。你要是不纳税就会
被抓到牢里。这样，即便纳税人不相信日元的价值，也
不得不想办法获得日元货币。

就这样，日元货币的流通随着征税而不断加快，渐
渐地成为交换商品时所必需的"流通货币"。

"税"能促进金钱循环

税收与流通货币自古以来就有着不可分割的联系。

在江户时代，农民需要将收成的一部分作为税金上

缴，这就是年贡米。这些大米用来支付武士的工资，也随时可以与金、银、铜等货币交换。因此储藏大米就意味着积累财富，大米在一定程度上起到了金钱的作用。

即便我们追溯到律令时代[⊖]，回到当时的都城飞鸟和奈良，情况也差不多。一种叫作租庸调的税制规定，米、棉、绢以及金、银、铜等贵金属可以用来纳税。而当时的流通货币恰恰是米、棉、绢以及金、银、铜等贵金属。只要你带着这些流通货币到市场上就可以换到自己想要的商品。

那么问题来了。为什么这些用来交税的东西会成为流通货币？税的存在又是为了什么？

本来，政府的职责是为人民打造一个更好的社会。虽然在某些时代，政府可能只服务于统治阶级，但如果政府不为"大家"考虑，那么就会立刻倒台。

而要想缔造一个更好的社会，就当然需要大家的支持。可是租庸调的"庸"字代表着政府向百姓征调徭役，

⊖ 古代日本的一个历史时期，指公元 7 世纪后期至 10 世纪，日本效仿唐朝的法律体系，实行律令制的时代。——译者注

强制百姓为整个社会劳动。这极大限制了百姓的人身自由，从各地征调百姓的成本也使得徭役本身的效率十分低下。

于是有人想出了以"纳税"的方式分摊负担的办法。

在律令时代，政府通过征税所收上来的货币将被支付给官吏以及建设平城京的劳动者们。当货币刚开始流通的时候，第一次见到货币的劳动者捧着这么一个小东西，可能会一时摸不着头脑。对于他们而言，与这些来路不明的货币相比，他们更希望得到能够满足衣食住行的生活物资。

然而，有一部分人却急需货币。他们就是那些需要用货币纳税的人。当他们手里有余粮时，他们就会和那些手里有多余货币的官吏或劳动者做交换。如此一来，可以用货币购买大米的店铺便出现了。

随后，贩卖鱼、盐、陶器的店铺也接二连三地出现。最初人们并不熟悉的货币开始因频繁的交换而渐渐被人们所熟知。最后，人们持有的货币中有一部分会因征税而被政府收走，然后再被政府发到那些"替所有人工作的人"手里。

税收系统就依靠这样的方式将一种货币普及为流通货币，使其在社会当中不断循环。这种做法从律令时代一直持续到今天。

到了现在，日本的税收不仅用于教育、维持治安等公共服务，还可以用于维持道路等基础设施、养老保险以及公共医疗等的正常运转。并且"替所有人工作的人"所指的范围也扩大了。公务员、老师、警察、建筑公司的职工以及医护人员等，这些人都会直接或间接地得到政府的日元支付。参见图 1-1。

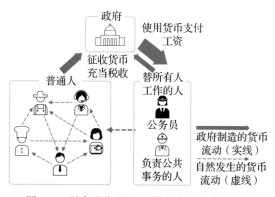

图 1-1　税会流向那些"替所有人工作的人"

讲到这里，不妨让我们回到第 1 章标题提出的那个问题。

"为什么不能复印纸币呢？"

其实我们只要稍微思考一下印钞的过程，就能明白问题的答案。

如果在家里制作一套新币会发生什么

假如有一家六口，也就是一对夫妻养育着四个孩子。孩子们总是捧着手机玩个不停，从不帮父母做家务。于是父母心生一计，决定制作一些在家庭内流通的纸币，并向孩子们征税。

爸爸负责中央银行的职能，在一张写有"1 马克"的纸条上盖下自己的印章。就这样，爸爸准备了 100 张 1 马克纸币。

妈妈来当政府，向爸爸递交了一张借据，上面写着："借用 100 马克，1 年后返还。"通过这张借据，妈妈成功从爸爸那里借走 100 马克。这张借据就好比国债（政府借债的借据）。

爸爸持有这张 100 马克的借据，发行了 100 马克纸币。这就好比日本央行持有国债并发行日元纸币。

妈妈手上虽然有 100 马克，但由于借据在爸爸手里，所以妈妈对爸爸有偿还 100 马克的义务。发行给妈妈的纸币并不能让妈妈变得富有，因为此时还没有一个人相信 1 马克的价值。

准备完毕，开始行动。

某一天晚上，妈妈让兄弟四人帮忙做晚饭，作为报酬，妈妈给每人 5 张 1 马克的纸币。

老大问道："这张纸条是什么？"

妈妈看了一眼老大，说："从今天起，爸爸和妈妈都要忙于工作。大家要靠自己做家务，分担家里的负担。干完家务，我会给大家报酬。做饭 1 天 10 马克、洗碗 1 天 5 马克、洗衣服 1 次 10 马克。"

孩子们面面相觑。妈妈接着宣布："并且从今日起大家需要交税。税额为一人每天 5 马克。税额可能会发生变动，如果不交税我会收走你们的手机。"

"不会吧！"

对于兄弟四人而言，手机简直是生活必需品。如此一来，这真是执行力十足的征税。从这一刻起，四人手中平平无奇的纸条第一次产生了价值。我们就这样见证了纸币诞生的瞬间。

从孩子们的视角来看马克具备了价值，但从全家人的角度来看价值总量并没有增加。单凭制作出 100 马克纸币不能让家庭变得更富裕。

但好处是通过新的纸币与税收的引进，兄弟四人开始自发替家里分担家务了。负责做饭的老大和负责洗碗的老二就是为所有人工作的公务员。而老四则负责每天洗一次衣服。

老三不太擅长做家务，于是决定每天辅导老四学习，收 5 马克学费。此时的老三相当于经营着一家课外班。这样一来，兄弟四人都能交得起税了。随着马克体系的出现，一个我为人人、人人为我的社会便初步形成了。

一段时间以后，马克逐渐被开发出一些纳税之外的新用途。老大花 5 马克让老二帮忙打扫自己的屋子，老二花 4 马克从老四那里买一朵刚采的花。

于是，纸币带来的货币经济从公共服务逐渐延伸到民间服务，开始普及为家庭内部的流通货币。这就相当于我们在现实生活中使用的纸币。

从这个家庭纸币的例子中我们可以看出，纸币本身并不具备价值。纸币会先通过税收系统逐步形成对个人的价值，然后促使每一个人为了获取纸币而辛勤劳作。

看到这里，我们可以让经济指南针再升一级。

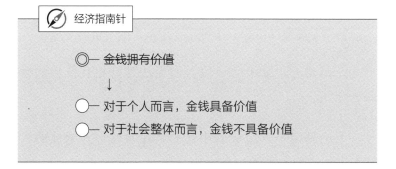

复印纸币会让劳动者消失

还是那个四兄弟的例子，假如他们学会了如何复印马克纸币，那么接下来会发生什么呢？

首先，兄弟四人会从烦琐的家务活中彻底解脱。复印出来的纸币可以交税，劳动的必要性自然就丧失了。不过，有些人如果缺了他们的劳动就会遇到大麻烦。

这个人不是妈妈（政府），而恰恰是孩子们。

如果没有人为了全家人而劳动，那么就意味着每个孩子都必须自己做饭、自己洗衣服。要知道，并不是一张叫作马克的纸币在支撑大家的日常生活，而是兄弟四人为了获得马克而付出的劳动撑起了这个家。

所谓不能复印纸币，关键不在于纸币的"价值会缩水"。

而是"复印纸币会导致人们无法维持相互依赖的生活方式"。

无论是四个人组成的小社会，还是一亿人组成的大社会，这一原理基本不变。

　　然而这里还有一个小问题。四兄弟的例子只不过是一个编出来的故事，在真实的家庭中并不需要出钱让家人做家务。可一旦到了家门外，钱就突然变成生活中不可割舍的一部分。

　　为什么在家门外就得花钱呢？

　　让我们通过这个问题进一步提高经济指南针的精度吧。

第 2 章

为什么
在家门外
就得花钱

我们在家里并不需要花钱。可是如果在家门外不花钱，我们的生活就无法维持。

家里和家门外有什么区别呢？

这个问题中蕴含着金钱的力量之谜。

如果我们混淆了金钱的"交换功能"，就无法找到问题的答案。

已知新国立竞技场的建设成本为 1500 亿日元。若将金字塔的建设成本换算为现在日元的话将会是多少钱?

A 4 万亿日元。

B 1250 亿日元。

C 0 日元。

答案

是"预算"建造了新国立竞技场吗

2019 年 12 月，位于东京都霞丘的新国立竞技场竣工。这座为了迎接东京奥运会而建立的竞技场，在开工前就曾经面临着一项巨大难题。该项目的初期预算计划在 1500 亿日元左右，但开工之后人们才发现，若按计划施工，总成本将达到 3000 亿日元以上，这几乎是原计划的 2 倍。

于是人们不得不紧急修改计划，最终使得成本控制在预算范围内。对于这样一个国家级项目而言，如何拿下预算是成功的关键。只要能拿下预算，往后只要思考如何将成本控制在预算范围内便够了。

这里我们来试算一个略微古老的数据，如果在当代建一座胡夫金字塔需要花费多少钱。简单计算后可知，从规模上来看，建胡夫金字塔需要 1250 亿日元，大体和国立竞技场相当。但是请注意，建胡夫金字塔的古埃及人可没有现代的重型机械，一切工程都需要依靠人力。因此，如果仿照当时的施工方式，总费用将膨胀到 4 万亿日元。

这 4 万亿日元就是现代社会建造胡夫金字塔的总成本。然而地球上并不存在需要耗费 4 万亿日元的建筑。

我把范围限制在"地球"是因为宇宙中真的存在这样的建筑，那就是位于卫星轨道上的国际空间站。由此可见，4 万亿真是一个货真价实的天文数字。

既然这样，那么当古埃及王国建造金字塔时，他们是如何拿下如此庞大的预算的呢？既然图坦卡蒙的面具是由黄金制成的，那么古埃及的国王们是不是有大量的金币和金条呢？

让我们把时间拨回到 4500 年前去看一看吧。

穿越回到公元前 26 世纪的埃及的你此时此刻正坐在埃及法老的王座上。一个侍卫走上前来，随时等候你的命令。

"关于您的金字塔，我们应该从何着手呢？"

首先要做的是筹备这 4 万亿日元的建设费用。想到这里，你带着侍卫打开宝库，期待着里面那无数的奇珍异宝。

可惜的是，你连一枚金币都没有看到。

没办法，只能先铸点金币了。你马上向侍卫发出命令："我们需要金子。快去挖金矿，挖光为止！"

侍卫满脸疑惑地看着你，反问道："陛下，您这是怎么了？我们要造的可是金字塔啊。"

爱好历史的人可能已经注意到了，此时的埃及还不存在货币，自然就没有领工资干活的人。

埃及的法老们可不是花钱让工人们建造金字塔的。他们依靠的是法老的命令，迫使大量的劳工去为他劳动。

不过这些劳工也不会白干。他们可以得到的报酬包括食物和衣服，根据记载他们有时还能得到啤酒作为犒劳。而分配给他们的食物、衣服以及啤酒又是由更多的劳动者生产出来的。

也就是说，建一座金字塔完全不用花钱。

法老需要做的不是确保预算，而是确保劳动。

无法"回本"的自助餐

我们所生活的现代社会距离古埃及已经过去了几千年，货币已经被普及，人们的生活也发生了翻天覆地的变化。现在只需要往自动售货机里投入 2 个 100 日元硬币，就可以喝到果汁、凉茶等任何你想要的饮料。看上去好像是自动售货机自动把我们投进去的硬币变成了饮料，但是在机器的背后一定隐藏着人的劳动。

你可能会想："我知道生产需要人的劳动。但是获取原材料的时候不还是得花钱买吗？"

然而只要让我们试着追溯生产的过程，就不难发现这世上其实并不存在"成本"这种东西。

比方说去吃自助餐的时候,相信一定会有人干劲十足地想要"吃回本"。

假设我们去吃一家 4000 日元 / 人的自助餐。这家自助餐厅最贵的菜是一种每 100 克 500 日元的牛排。

于是大多数人会这样想:"只要我吃 800 克这种牛排就能回本了,再多吃点别的就赚了!"

这种牛排吃 800 克就要 4000 日元了,这不就抵消了餐厅的人工成本和利润了吗?

先别急着下结论,让我们再稍微思考一下。请参考图 2-1。

虽然此时的餐厅不赚钱,但肉店是赚钱的。

500 日元 /100 克的价格只是餐厅眼里的成本。对于批发牛排给餐厅的肉店而言,成本只会更低。而牛排是肉店加工出来的食品,其原材料是从肉食加工厂买来的牛肉。如果牛肉的成本为 300 日元 /100 克,那么多出来的 200 日元就是肉店的人工成本(加上利润)。

而那些给肉店批发牛肉的肉食加工厂也有职工,同理也会产生成本。所以如果我们一直顺着这条线往回走，最后会一路抵达犊牛那里。而自然出生的犊牛当然没有成本。

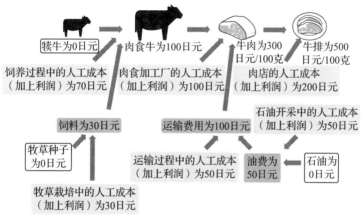

图 2-1　牛排的成本相当于 0 日元

除了人工成本和利润以外，从刚出生的犊牛到成为牛排的过程中还存在一些其他费用。牛饲料、运输、加工厂的设备以及用电等，能够产生费用的环节数不胜数。然而只要我们一点一点细分这些环节中产生的费用便不难发现，这中间其实只包含人工成本和利润。

运输消耗的汽油来自石油，而石油又开采自地下，所以石油本身也没有成本。至于说肉食加工厂使用的大型冰箱，以及运输牛的卡车等较为复杂的工业品，当我们回溯其零件以及零件的零件之后，最终会抵达自然界中存在的铁矿石等原材料。这些原材料的成本依然为 0。

综上所述，我们追溯牛排的每一个生产环节后可以得知，这 500 日元的价格中包含的是 0 日元的自然资源和总计 500 日元的人工成本与利润。

也就是说，吃回本的"本"其实指的是那些不存在价值的自然资源。哪怕你吃上 800 克牛排也只能让餐厅不挣钱，真正意义上的"回本"只是一个黄粱美梦。

假如这家餐厅由牧场直接经营，那么牛排将失去一切成本。对于牧场而言，牛排是他们从犊牛开始一点一点饲养、加工出来的，不需要找任何中间商。所以无论你吃多少牛排也无法让眼前的餐厅亏本。

让我们回归正题，上面这个例子并不只是想说明自助餐吃不回本。

我想确认的是"劳动创造一切"这一生产活动中的重要原则。

　　这一重要原则贯穿了古埃及到现代的每一个时代。毕竟即使是货币的发明也不能让人类直接把金钱生产为各种物品。

　　那么我们为什么还需要使用钱呢？

　　这是因为金钱具备"两种交流能力"。

金钱的"交涉能力"与"传达能力"

　　在现代社会，只要我们肯掏钱就可以在商店买到自己想要的东西。那么假如我们回到那个没有货币的时代，我们又该如何获取自己需要的东西呢？

　　古埃及社会建造金字塔，依靠的是法老的绝对权力。金字塔工程的总负责人会借助法老的权力去策划整个建设流程，并统计出需要的劳动力，然后发出征集劳工的命令。

　　工程启动后，总负责人需要将具体工作传达给一线的指挥官，然后再由一线的指挥官依照命令调集劳工开始工作。我们甚至可以想象到当时的指挥官会对着劳工喊："今天，你们必须要把其他小组切割出来的巨石，从采石场运到尼罗河的码头上。饭点在中午和傍晚，就在原来的广场开饭，还有新衣服可以拿。好，现在快去干活吧。"

需要上层指挥的不仅仅是金字塔的具体工程。从食物的运送到烹饪、从棉花的种植到纺织等，这些都需要总负责人的详细规划。总而言之，得益于法老的绝对权力与完善的指挥体系，古埃及才能驱使如此庞大的劳工群体去建造金字塔。

然而一个普普通通的市民并不具备法老那样的绝对权力。所以他让别人帮他干活的难度会比法老大得多。如果只是叫家人或朋友来帮忙倒还好说，可若想请一个陌生人来帮忙，那就需要一番交涉了。

这种交涉也许是贵重物品的交换，也可能是威胁、逼迫等暴力手段。实际上"法老的命令"也属于一种交涉。谁都知道抗命会引来杀身之祸，这是约定俗成的规矩。

虽然现代的我们没有绝对权力，但哪怕是在语言不通的外国，也可以按照对方提示的价格出钱购买劳动。

这种"交涉能力"就是金钱所具备的第一种交流能力。

我们在购买所需的物品时往往会经过两个步骤。第一步，选择合适的商店或提供劳动的人；第二步，把钱包里的钱转到对方的钱包。就是这么简单。

哪怕像新国立竞技场这样的工程也会经过"选、转"这两个步骤。第一步，从符合预算的策划案中选择最中意的那一款；第二步，转给承包建筑商 1500 亿日元。剩下的交给资金的自由流动就可以了。

建筑商拿到钱之后就会自动开始分配这笔钱的用处。选一家建材商，转一笔钱；选一家土地开发商，转一笔钱；选各种供应商，再转很多笔钱；最后再给本公司的员工转一笔钱。

再往后，建材商也会把一部分得到的钱转给自己的员工，另一部分转给材料供应商和运输商。

这些大大小小的企业正是通过这样的方式，不断地将资金转给那些提供劳动的公司或个人，而这种资金流动的终点便是某个矿山的矿工。

参与新国立竞技场建设工程的人到底有多少，这个世界上没有一个人能完全知晓。总之只要让资金自然流动，所有事情都会水到渠成。

资金流动会使得劳动自然积累，最终能创造出任何复杂的产品。这就是金钱的第二种交流能力，即传达能力。

交涉能力和传达能力就是金钱的力量。

之所以没有人会选择带着钱登上无人岛，就是因为无人岛上没有可以交流的对象。而家庭当中的交涉和传达都非常简单，因此也没有人会在家里花钱。

到这里，我们解答了本章开头所述的那个问题，"为什么在家门外就得花钱？"

因为在家门外，我们需要用金钱驱使陌生人为我们劳动。

正是金钱所具备的交流能力串起一个又一个素不相识的人，为我们开拓出一个团结协作、互帮互助的社会。

"黄金面具"是巨大的"劳动浪费"

在金钱的帮助下，我们开拓出一个崭新的社会，但同时也带来了弊端。

依赖于金钱的交流会逐渐掩盖劳动者的身影。

图坦卡蒙的黄金面具使用了 10 千克以上的黄金，单单是材料价格也在 10 亿日元左右。生活在现代社会的我们能从这副面具感受到的，恐怕是埃及文明背后那无比的财富吧。

不过当时的人们对黄金面具的认知应该与我们截然相反。他们面对这副面具所感受到的，只有对至高无上的王权的畏惧。

无数的劳工从绵延数公里的尼罗河河床中沙里淘金，历经千辛万苦才能淘出一粒金沙。大量金沙凝聚在一起，才能制造出一副面具。法老动用了如此庞大的劳力，却仅仅为了这一副面具。正是因为这些劳工知道，法老仅仅为了一副面具就能发配如此庞大的劳力，所以他们绝不敢对法老有一丝反抗。

随着时光流逝，获取金子的必要条件从权力变成了金钱，但需要他人的劳动这一点并没有改变。

然而劳动的存在正在被人们所遗忘，生活在现代社会的我们甚至误以为金子这种东西天生具备高价。正如前文列举的牛排的例子一样，哪怕是纯金，其价格也是由人工成本和利润构成的。正是因为其中凝聚了大量的劳动，所以金子的价格才会水涨船高。

无论是金还是铁，所有原材料都是免费的。按常理来讲，每一个人都想上山捡金矿石大赚一笔。不过地上能捡到金矿石的概率可比捡到铁矿石的概率小多了。为此，我们不得不在世界各地挖几千米深的矿井去寻找金矿。即便能幸运地找到金矿床，我们还得从地下几千米深的地方将金矿开采出来并运到地面上。

这还没完。金矿石的金属含量与铁矿石有天壤之别。一块优良的铁矿石中能有一半是铁成分，而1吨金矿石中可能只包含不到10克的金子，比例低于十万分之一。由此可见，金子的生产需要大量的劳动。

我们往往会误以为自己是用金钱来获取各种物品的。但请注意，这里说的"用"所指的并不是"消费"。把目光放到我们的钱包之外你就会发现，你的钱在这个过程中已经跑到别人的钱包里去了。

你所消费的不是金钱，而是他人的劳动。

金钱的背后一定是"人"。一定是为你提供劳动的人。

金钱对于个人而言的价值就在于，只要我们使用金钱就会有人为我们提供劳动。

这句话反过来就是，只要收到钱就一定会有人去提供劳动。正因如此，即便增加金钱（纸币）的总量，对于社会而言其总价值也不会改变。并且由于获取物品的关键来自劳动，因此金钱仅仅被用于交换环节，而并不是获取物品的必要条件。所以即使在家门外，我们必须依赖于金钱才能完成交换，而在家里却基本上看不到金钱的身影。

基于以上的讨论，我们可以继续将经济指南针改写为以下内容。

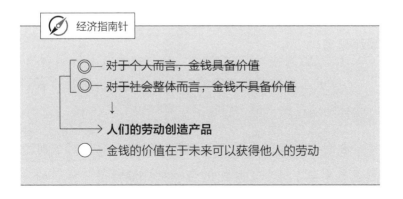

为了方便大家理解，我在这里一直将这个过程简单描述为"创造"，但实际上"解决问题"这个词语应该更加贴切。毕竟有些人的劳动并不会创造什么拥有实体的物品。

提供医疗服务的医生和护士、制定新教育制度的公务员等，这些群体的共同点是，他们可以解决我们生活中的某个问题。创造也是在解决问题。比如种田解决的是摄入营养的问题，生产智能手机解决的是信息传递的问题。每一个人的劳动都可以对应解决一种问题。

"宝贵的"劳动

一天早晨，你被门铃对讲机的来电铃声吵醒了。也许是昨日在网上订购的东西到了。可你实在懒得从被窝里爬出来。

"反正二次配送是免费的，让他过几天再送就行了。"于是你便缩在被子里，假装不在家。

此时，你的钱并没有离开你的钱包。但是对于那位配送员来说，他今天付出的劳动被你浪费了。劳动和自然资源一样，浪费总是一件很可惜的事情。如果你能爬出被窝，签收快递的话，这位配送员的劳动就不会被白白浪费掉了。

随着劳动效率的不断提升，我们的生活和过去相比变得越来越富裕。就好比黑白电视刚刚出现的时候，其价格相当于一个普通白领 5 年的工资。而如今，只需 1 个月的工资就能买到屏幕更大、性能更好的电视。

技术革新等带来的生产效率的提高并不能使材料价格或成本变得更低，而是能"节约劳动"。

用更少的人力生产更多的东西，就可以让产品惠及更多的人。节约下来的劳动力也可以用于其他产品的生产。多亏了生产效率的提高，200 年前还在为了种地而操劳的我们，如今可以生产并享受各式各样的产品。

所以，如果我们意识不到"劳动很宝贵"，就会给自己徒增痛苦。我们通过提供劳动来获取金钱，再通过金钱去消费其他人的劳动。

在所谓"工作方式改革"当中，首当其冲的不仅仅是企业。有时候消费者也会在无形中给劳动者增加不必要的工作量。因此改革不能仅针对企业，如果我们不改变消费者的相关意识，那么早晚还是会掐住自己的脖子。

但另一方面，身为消费者的我们对生产者也有怨言。

"劳动的确创造一切物品。但我们花的钱里面不仅包含别人的劳动，还包含给生产者的利润。给他们的利润多了，我们不就吃亏了吗？"

的确如此。如果我们站在生产者的角度，就总是会梦想日进斗金、不断抬高价格。但如果站在消费者的角度，这种做法只会掐住我们的脖子，可以说是一种互相伤害了。

然而这一点不能只怪罪生产者。实际上，这个问题也得怪那些消费者对自己的价值判断没有自信。

只要能分清一个产品对于自己的价值是什么，就不会在交易中吃亏，也不会觉得自己在吃亏。所以我们必须要认清产品对于自己的价值是什么，也就是直面自己对幸福的追求在哪里。

下一章，我们就会开启这个话题。

第 3 章

有价格
却无价值的
东西是什么

你是不是相信价格表示的就是价值？

我们常讲，金钱的一个职能就是"价值尺度"。

但"价值"与"价格"完全是两码事。

如果搞混了二者，我们甚至会迷失"自己的幸福"。

假设你花 1 万日元买了一个福袋，后来你发现福袋里面居然有一件价值不菲的夹克。请问你是占了便宜，还是吃了亏？

A 取决于夹克的售价。

B 取决于夹克的批发价。

C 取决于你是否喜欢这件夹克。

答案

价格标签掩盖你的幸福感

商场大甩卖如此令人着迷，是因为可以买到物美价廉的商品。很多人看到"打2折"的标签后就会忍不住购买一些本不需要的商品。

在某一年的正月里，你在商场花1万日元买了一个福袋。你回家后激动地打开福袋，发现里面居然是一件价格不菲的夹克。标签上写着售价20万日元。你觉得自己简直是赚翻了。

可不知为何，你心里就是高兴不起来。这件夹克看着虽贵，但颜色却是你平时不怎么喜欢的荧光橙，显得特别花里胡哨。但不管怎么说这也是售价 20 万日元的高档货。

后来，虽然你偶尔也会拿出来穿，但怎么也喜欢不起来。你越发感到，这件夹克无论设计还是色调都太不对你的胃口。可是扔了又觉得可惜，于是只好藏到柜子里。

那么问题来了。这件夹克对于你而言真的具有价值吗？

为了判断这一点，我们需要理解两种价值的含义。

"使用价值"与"销售价值"

我们在日常生活中常常会将这两种价值区分使用。让我们来看另外一个例子。

一天，你去朋友新开的葡萄酒庄做客。朋友向你推荐了一瓶价值 1 万日元的葡萄酒。为了庆祝朋友开店大吉，你一口气买了 2 瓶。

回家后，你马上打开一瓶尝了尝。说实话，味道和你想象的略微有些差距。口感发涩，难以下咽。但不管怎么说这也是 1 万日元一瓶的高档葡萄酒，于是你安慰自己说，可能高档酒就是这个味道吧。

几天后，你又来到这家酒庄，发现那种葡萄酒的价格涨到 3 万日元 / 瓶。据说那种涩味大受欢迎，所以价格被抬高不少。

"卖你 1 万日元很值吧？"

朋友带着一种想让你感恩戴德的语气说道。你也确实觉得值，但心里总不是滋味。

你知道，这并不代表你手中剩下的那瓶葡萄酒从 1 万日元的味道升级成 3 万日元的味道。味道还是发涩，口感还是很差。所以即便价格涨了，葡萄酒也不会因此变得更好喝。而实际上，价格和你尝到的味道之间本来也没有关系。

也就是说，1 万日元的原价和你尝到的味道之间没什么关系。你觉得这次购物值不值，完全取决于你觉得这瓶葡萄酒好不好喝。所以只要你觉得这瓶酒好喝就是值了，至于你之前所想象的 1 万日元的酒会给你带来什么感受，则无关紧要。

这种"使用价值"被人们称为"效用"，是我们所能感受到的价值之一。

简而言之，就是指自己从这个东西中能获取多大满足。

至于前文所说的那件橙色夹克，我们更应当考虑其效用而不是价格。你购买福袋时支付的 1 万日元与夹克的 20 万日元定价之间不存在任何关系。另外我在第 2 章还讲到，所有成本的尽头都是 0 日元，所以这跟成本也没有关系。

穿上这件夹克能带来什么样的效用，取决于夹克对于你的价值。因此这道题的正确答案既不是 A 也不是 B，而是 C。

并且，效用因人而异。

认为"这件衣服穿着真舒服"的人得到的效用是舒适感。

认为"这件衣服挺好看"的人得到的效用是展示自我。

认为"这件衣服值 20 万日元"的人得到的效用是吹嘘自己的衣服有多贵。但此时这个人所获得的价值依然是效用，而不是价格。他从一件 20 万日元的夹克上获得的效用是"以高昂的价格跟别人吹嘘"。

我们在吃药时能触及的价值则更为明显。药物的效用就是治疗疾病和缓解病痛。我没见过谁会沾沾自喜地说"我吃的药每天得花 5 万日元"。

可以让我们的生活变得更加充裕的，是更多的效用而不是更多的钱。无论价格有多高，对你而言没有效用就没有意义。

这么看来，那位得意洋洋地说"卖你 1 万日元很值吧？"的朋友真是犯了大错。这话说出来还有些招人讨厌。

但是，只要这位朋友稍微修改一卜措辞，事情就会发生质的变化。

"如果可以的话，你剩下的那瓶酒我花 3 万日元再买回来吧。"

这话一出来，你就能消气了。1 万日元买的葡萄酒按 3 万日元再卖回去，相当于你赚了 2 万日元。如此一来，你对葡萄酒的评价就会从"难喝的酒"变成"3 万日元的酒"了。

这就是本节所述的另一种价值，即"销售价值"。我们一般把它称作"价格"。

从卖家的角度来看，像是味道好不好这种效用跟自己没太大关系。做买卖的时候只需要考虑钱的问题，所以最重要的自然而然就是价格。

所以，价格就是商人口中的价值。

按照这个思路去想，虽然你不喜欢这件1万日元福袋里的夹克，不过只要能高价卖出去就足以获利。假如这道题有个选项D"取决于夹克能卖多少钱"，那么这也算正确选项。

正是"效用"和"价格"这两种价值蒙蔽了我们的双眼。

暗藏在价格中的陷阱

可以直接为我们的生活带来好处的是效用，也就是"使用价值"。效用越多，给我们带来的好处就越多。但问题是，效用这个东西虚无缥缈，实际上很难具体测算效用的量。

比如我们今天想敞开吃一顿咖喱饭，明天可能又会想吃天妇罗。我们就连自己想要的效用都在天天变，想和别人想要的效用产生共鸣就更是异想天开了。

与效用相比价格则更为明显。价格仅凭数字就能表示物品的价值。所以当我们需要比较客观地评价全社会的总价值量等事实情况时，通常会将价格看作价值。"经济价值""资产价值"等词语所代表的都是"价格"。

丰富我们日常生活的明明是效用，可由于无法实际测算效用，所以我们常常用价格作为衡量价值的尺度。

可是一旦习惯了这种客观且方便的尺度，我们对效用的感知会变得愈加迟钝。所以我们才会错以为1万日元的价格相当于同等金额的效用。

从此，生产者与消费者开始对立。

无论电视还是杂志，或者是网络，我们没有一天不会接触到广告。商家会不断开展各种宣传活动，通过展示本公司产品的亮点、邀请名人使用本公司产品、宣扬本公司的优点等方式，拉拢更多的客人购买自家产品。

要是没有广告牌，就算楼下那家西点店的面包真的很好吃，恐怕这个口碑也传不出去。要是没有人去买，多么美味的面包也无法甜到任何人的心头。所以说，推广这些为我们的生活增添色彩的商品，让更多人知道它们，对于增加社会整体的效用而言无疑是有益的。这样的宣传活动绝不会是一件坏事。

但是请注意，诸如营销手段、品牌手段等词语背后存在着这样一种人，他们会打着这些词语的旗号对价值"注水"。他们不会将精力放在提高商品的效用上，而是不断炫耀其高昂的价格，令消费者相信自己的商品具有相应的"价值"。他们笃定"消费者会通过价格衡量商品的价值，所以价格越高，消费者就会以为其价值越高"。

在他们看来，哪怕不去刻意提高夹克的舒适性、透气性或者是设计美感，只要贴上一个昂贵的标签即可。反正消费者会相信，5000日元的夹克就是有5000日元的价值，20万日元的夹克就是有20万日元的价值。消费者还会高高兴兴地买下来，跟身边的人炫耀道："这件夹克可是值20万日元。"

即便有的消费者不上这个当，可当看到2折大促销的牌子后也会不禁驻足。1 万日元的福袋里装着一件 20 万日元的夹克，遇上此等好事谁都会喜上眉梢。这便是上了价格的当。

把价格摆在第一位，效用就只好沦落到第二位。"超值优惠"的含义也会从低价购买高效用的商品，变成低价购买高价商品。

如果电器店里出售的大屏电视上贴着"大甩卖！只要 129 000 日元（原价：20 万日元）"的标签，那么大多数顾客都会感受到这个价格的实惠。可是如果把这个标签改成"大甩卖！只要 129 000 日元（原价：待定）"，也就相当于没写原价，那么顾客的心里就得掂量一下了。

可是原价有那么重要吗？难道最重要的不应该是商品所带来的便利吗？

这其实是一个相当棘手的问题。

我们身为消费者，一旦相信了"原价即价值"，那么无论生产者拿出效用多高的产品，如果没有搭配高价格，身为消费者的我们也不能体会到它的实惠。

如此一来，生产者就只剩下两条路可走。一条是放弃生产，另一条就是抬高原价，欺骗消费者。无论选择哪条路，最终都会削弱生产者生产高效用产品的意愿。

如果不能让每一位消费者都摒弃价格这个衡量尺度，尝试增加自己身边的效用的话，生产者与消费者都不会幸福。

更何况价格与效用之间几乎没有任何关系。

关于这一点，我们只要回想起我们为什么要使用金钱，答案就水落石出了。

价格与"善意"成反比

之前我们谈到，金钱拥有"交涉能力"。由于我们并不像埃及法老那样大权在握，所以只能花钱雇人为我们工作。而价格存在的原因就暗藏在这里。

便利店的饭团一个卖100日元，而家里自己包的饭团却是免费的。这种不同并不来自效用上的差异。免费不代表家里的饭团不好吃，而是家里人包饭团不要钱。就好比开快餐店的阿姨每次都给你打个折，不是因为给你做的饭不好吃，而是阿姨和你很熟悉，这是她表达善意的一种方式。

越是愿意为你劳动的人，就越不会要求金钱上的交涉。反过来说，越是不想为你劳动的人，就越需要强有力的交涉。这种交涉的结果就是价格的上涨。讲一个有点极端的例子，假如存在一个人人都愿意为彼此劳动的世界，价格就没有存在的必要了。

总结一下就是，价格的高低表示"人们有多么不愿意劳动"。

因为不想劳动而涨价的理由五花八门。我们不妨试想一下，假设你自己要为某个人劳动，那么一共会出现几种可能的情况呢？表 3-1 罗列了四种可以想象到的情形。

表 3-1　价格的高低能否表示效用的大小

涨价原因	现实中的例子	价格与效用之间的相关性
①特别想休息	休息日加班费	×
②不擅长这份工作	生产效率的提高	×
③想要高薪	市场营销	×
④口碑太好而应接不暇	供需调节	△

假如某一天你特别想休息，却偏偏有工作让你去处

理。此时你肯定会要求比以往更高的报酬（①）。这就解释了为什么节假日去旅游会比平时贵那么多。上涨的这一部分金额并不代表服务质量的同等提升。

假如你不会织毛衣，却偏偏被人叫去织一条围巾。这工作既费心又费事，你当然不想接下这个活。倘若真的要做，你就会要求更高的报酬（②）。当然，织出来的围巾绝对很差劲。

但是如果你上过几节织毛衣的课，掌握了相应的技能，可以在更短的时间内织出一条围巾。那么你可能会觉得少要一点钱也没什么关系，织出来的围巾也能像样不少。这就和之前提到的电视机生产效率提升是一个道理。技术革新不仅可以节省劳动力，还能够进一步提升电视机的性能。从中我们也可以发现，价格并不代表效用。

再看下一种情况。假如你是一个贪得无厌的人，既不想工作又想要高薪。那么你就会要求比自己的付出更高的薪酬（③）。这种情况类似于20万日元一件的夹克，都是虚高的价格。当然，此时的价格也无法表示效用。

最后，表3-1中只有情形④中的价格与效用之间存在相关性。假设你的工作能力广受称赞，而要价却低于你的水平。物美价廉的口碑使得业务量暴涨，令你应接不暇，最后不得不提高价格。就算如此，由于效用是因人而异的，所以不是所有人都会满足于你的工作成果。只有对这些不认可你工作的人而言，你开出的高价并没有带来更高的效用。

这样一看你就能发现，在大多数情况下，价格和效用完全是两码事。

价值的多少取决于你自己

行文至此，我们一起探讨并得出了"价格只在花钱请人劳动时存在"的结论。即便一个东西拥有价值，假如我们可以自由或无偿获取这个东西，那么就不存在也没必要存在价格（后文中若无特殊说明，则"价值"专指"效用"而不是"价格"）。

空气、海景、自然万物、良好的治安、医疗体系、手工围巾，这些东西统统不存在价格，却具备不菲的价值。可以说价格与价值完全不在一个坐标系上。

我们再来看看图 3-1。这张图按照价格与价值的有无分成四种情况，并填入了各自对应的事物。

	有价格	无价格
有价值	电视机等	手工围巾等
无价值	？？？？？	路边的石头等

图 3-1　有价格无价值的东西是什么

其中有 3 个格子对应的事物十分好找，但唯独"有价格无价值"的东西比较难找。不过我想这个问题应该不难，只要好好想想什么东西"对于自己没有价值"就可以了。

我们不需要从价格上发掘其中的价值，比如 1 万日元/瓶的葡萄酒，还有 20 万日元一件的夹克。这些只不过是卖家随手写下的一串数字而已。

价值的多少取决于你自己。哪怕是路边的石头，也说不定对你有独到的价值，反过来即便是电视机，对你来说也可能没什么价值。

所以说最重要的，是心里有杆秤。

金钱与幸福的双向奔赴

在一个综艺上，某位知名男星正戴着眼罩参加挑战项目。

他的面前摆放着 2 个高脚杯。一杯装的是 1000 日元 / 瓶的便宜葡萄酒，另一杯装的是 10 万日元 / 瓶的高档葡萄酒。这次挑战的内容是，只凭借气味和味道去判断哪杯才是高档葡萄酒。

浅尝之后，知名男星指着 1000 日元 / 瓶的葡萄酒赞不绝口。周围人噗嗤一声笑了出来："1000 日元和 10 万日元的差距都尝不出来吗？"

可他们没注意到，嘲笑这位明星是无法让他们得到幸福的。

曾有一位侍酒师说过这样的话。

"1 瓶价值 10 万日元的葡萄酒无疑是好酒，它的好处可能有一两百个。1 瓶价值 1000 日元的葡萄酒也是好酒，它的好处可能只有一两个。所以，那些喜欢 1000 日元葡萄酒的人绝不是不懂酒。相反，他们是一群懂得发现这一两个闪光点的幸运儿。一瓶葡萄酒好不好,只需你自己的判断就够了。"

1000日元的价格不代表葡萄酒的价值只有1000日元。别忘了为别人带来幸福感也是一种效用。

你每天领着工资,从事着自己的本职工作。有人能创造新的产品,有人能解决新的问题。这些工作所创造出的效用会给其他人带来幸福感。

金钱的背后是人。你的付出一定会给这个世界上的某个人带来幸福。

于是,我们的经济指南针上可以增添新的一条。

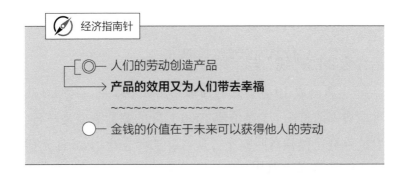

无论金钱存在与否，我们都用双手创造一切，又与所有人分享一切，这是我们赖以生存的方式。在没有金钱的时代，统治者决定了人们生产什么。而在金钱流通的现代社会，决定生产的人转变为使用金钱的每一个人。更受青睐的产品会被继续生产，而没有买家的产品则会被放弃。

倘若我们相信价格更高的产品具备与价格相匹配的价值，那么市场上就只剩下一堆徒有价格的产品被不断生产。没有价格的大自然哪怕惨遭破坏也无人问津。

正因为如此，只要我们每个人都能做到心里有杆秤，就能探索出一条直通幸福的花钱之道，还能保证那些有价值的东西能源源不断地被产出。如果越来越多的人能意识到大自然的价值，我们的自然环境也不会遭受破坏。

名为金钱的"线"与"墙"

在第 2 章中，我们弄明白了消费者在购买时使用的不是金钱，而是人们的劳动。然后在本章中我们又发现，物品的价值在于效用而不是价格。效用无时无刻不在丰富着我们的生活。

也就是说，大家的劳动增添大家的幸福。 这一点无论在家里还是在家门外都是一样的。这才是"经济"的本质目标。

我们日常使用的金钱也不过是实现"大家的劳动增添大家的幸福"这一经济目标的一个工具罢了。

经济指南针中有两项尤其重要，即"人们的劳动创造产品"以及"产品的效用又为人们带去幸福"。而对于金钱的话题，这里仅仅是从工具的角度讨论，对于家庭内部这种不依靠金钱的经济环境便无能为力。为此，在方才更新的经济指南针中我使用◎与○将这两项与有关金钱的话题加以区分。

其实，金钱这种工具起到的是"线"的作用，它主要用来联系素未谋面的生产者与消费者。但金钱也可以成为一堵"墙"，阻断素不相识的生产者与消费者，隐藏对方的存在。幸运的是，只要我们能注意到"金钱的背后是人"这一点，这道厚厚的墙壁便会变得透明，让两者间千丝万缕的联系显现在我们面前。在此之后，我们就可以思考本书引言部分提到的那个"荞麦面之谜"。

"金钱和劳动者哪个更伟大？"

只要明确了出现这种认知差异的原因，我们应当选择的前进道路便清晰可见了。

第 4 章

金钱
和劳动者
哪个更伟大

以金钱为中心解读经济，这在现代社会是理所当然的事。

不过若是眼里只有钱，我们就会错以为钱才是解决问题的关键。

孩子们能够在学校读书是谁的功劳？

A 家长或政府等出资人。

B 学校的老师或行政人员等劳动者。

C 以上皆是，只是看待经济的视角不同。

答案

劳动者与出资人

"是谁掏钱让你上的学！"

在我小时候，这句话可谓挨骂时的经典名言。我猜现在的家长可能还会把这句话挂在嘴边。

"什么钱不钱的，不是老师让我上的学吗？"要是敢顶这么一句就麻烦了。因为父母想听到的回答是"爹妈掏的钱"，在这个前提条件下，闭上嘴好好挨骂似乎是明智之举。

这个问题实际上涉及的是"出资人"还是"劳动者"的问题。

读到这里，相信有的人会很自然地以为，上学在经济上靠的是"出资人"、道德上靠的是"劳动者"。然而结合前面的分析我们会发现，其实后者也算是一种经济视角。

那么答案该选哪个呢？这就取决于我们看待经济的角度了。

通常情况下，我们观察经济的视角主要分两个轴，分别是空间轴和时间轴。

首先，我们的钱包之外是大千世界。所以从社会整体，也就是空间轴的尺度来分析经济，我们就能得出劳动带来幸福感的结论。

从这个角度来看，上学可以说是老师的功劳。除了教师，还有学校的行政人员、校车司机、地铁司机等，多亏他们的劳动，孩子们才可以顺顺利利地在学校接受教育。也就是说，站在空间轴上，我们就能获得以人为中心的经济视角。

可是在我们的脑海中还盘旋着另一种看待经济的方法。

"是谁掏钱让你上的学？"被问到这句话时，脑海中率先浮现出的难道不是家长的面孔吗？于是我们便会认为，自己有学上得多亏这些出钱的人，而不是那些上班的人。此时我们的注意力就会被全部吸引到钱包之内。

我们的学费来自父母工作挣下的钱。所以上学靠父母这个说法似乎并不奇怪。就好像国家大手一挥给国立竞技场批了 1500 亿，这个竞技场似乎立马就能建完一样。历史考试上问"大阪城的建造者是谁?"，回答"木匠"肯定是错的，不答"丰臣秀吉"就拿不到分。

当我们的注意力全部集中于钱包之内时，自然会忽略劳动者的存在，哪怕他们与我们处于同一个空间。那么此时此刻的我们眼里盯着的是什么呢? 答案是"时间"。

既然钱包之外是空间，那么钱包之内就是时间。

钱包之内是自己的时间

在没有金钱的时代，活在"当下"就是一切。

这是因为在那时候，"劳动的积累"十分困难。

打再多的猎物，放上几天肉就臭了。后来人们学会了农耕，但谷物的储存期限也只有区区几年。由于无法长期积累劳动成果，人们老去之后就只能依靠家人或朋友的救济维生。

这种情况伴随着金钱的发明得到质的改变。至此，人们开始思考自己的"未来"。有力气干活的时候就多干点，等老得动不了了就靠年轻时攒下的钱吃一口饭。人们就这样摆脱了"活在当下"的生活状态，可以将"未来"牢牢把握在自己的手里。

过去的劳动支撑着现在的生活，而现在的劳动又支撑起未来的生活。正如图 4-1 所展示的那样，在我们自己的时间轴上存在因果关系。

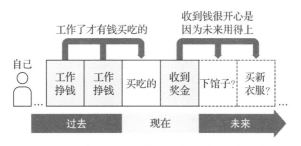

图 4-1　从自己的时间轴上思考金钱会是什么样

因为过去的自己工作了，所以现在才有钱买吃的。收到钱会开心是因为我们对未来有憧憬。只要有了这笔钱，我们可以下馆子或是买新衣服。

假如我得知自己只剩 1 小时的生命，那么比起金钱，我更想尽情享受美食。因为金钱对于我的价值，会随着未来的消失而散去。金钱本身并不具有效用，我们只是在想象未来使用金钱能得到的效用，从想象中感知金钱的价值。

而借钱就是把未来的自己变成现在的雇员。所以就算不寻求旁人的帮助，我们也可以呼叫过去或未来的自己前来帮忙。我们可以这样想，这样做可以让同一时间轴上的不同的自己也能相互帮扶。

然而这种经济观点存在一个问题，那就是除了自己和金钱以外，其他的角色去哪儿了呢？这种思维方式的后果便是，我们会被束缚在自己的世界当中。

主语不同，答案不同

我们在第 1 部分开头提到的问题 1，其易错点就在这里。

现在再来回顾一下题干吧。

如果所有人都在星期天休息。为了度过一个愉快的
周末，下列准备工作中不正确的是哪项？

A 在工作日内提前完成作业或功课。

B 在工作日内做完洗衣服、打扫等家务活。

C 在工作日内打工上班，赚钱攒钱。

答案 C

如果说这个问题的主语是"自己",那么选项C就是正确选项。可问题是这道题的主语是"大家"。

如果我们的眼里只有钱包,那么我们自然只会活在自己的小世界里,认为这个世上的每一个人都是割裂的个体。可是这个世界上当然还有其他人,他们和我们一样工作挣钱,靠着攒下的工资生活。

为了能在星期天有钱花,攒钱当然是必要的,不过更重要的是那些星期天还在上班的人们。一旦"所有人"都在花钱而不工作,我们的社会上就没有上班的人了。便利店和餐厅不会开业,电影院也不会开门，就连地铁也会一动不动。参见图 4-2。

　　没有劳动的人，金钱便会失去力量。

　　至于为什么将"星期天"换成"退休"，这个问题就会变成养老金问题，这里就不必赘述了。

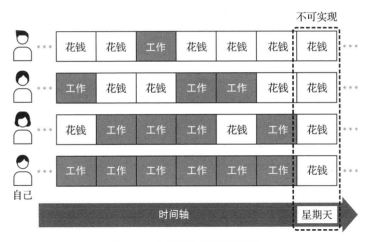

图 4-2　人们无法同时都花钱

　　我们都会渐渐老去。倘若没有那些上班的人，哪怕大家手里都握着大把钞票，到时候又有什么用呢？即便所有人都能通过理财让自己的资产增值，养老问题也不会得到改善。能劳动的人都少了，你还能怎么办呢？

所以说，从身边的小问题到社会上的大问题，如果你的目光仅仅停留在钱包之内，那么你只会陷入金钱万能论中无法自拔。

"免费劳动"撑起我们的生活

金钱万能论，这在 50 年前是不敢想象的事情。在那时候，除了钱以外人们若要享受生活还有一些其他法子，那就是免费劳动。

在那个年代，每到元旦所有人都会休长假。大家小户都会早早地买好年菜和年糕，在家里过个好年。类似元旦旅游、买福袋等听都没听说过。为了不让其他人上班工作，每一个人都尽量待在家里过节。年菜都是提前做好的，所以家里也不用做饭，一家人都能舒舒服服地休个好假。

当时的人们势必很少会突发奇想，为了长假"开始准备攒钱"吧。这是因为对于他们来说，别人的劳动在支撑自己的生活，这简直是一件再普通不过的事情。

尤其是在农村地区，人们相互之间的联系比较紧密，遇到红白喜事的时候人们都会互相帮忙，也会在农忙时节帮着干农活。农村的家庭结构也比现在大得多，家务的压力更是不言而喻。在这样的环境下，遇到困难时能帮到自己的不是金钱，而是家里或当地社区的人们。这些价值不菲的免费劳动在那时几乎是近在咫尺的存在。

然而就在这几十年间，社会发生了翻天覆地的变化，家庭或当地社区能提供的免费劳动大大减少。家用电器减轻了一部分的家务负担，裁缝或洗衣等服务的普及使得一部分家务可以通过花钱来解决。

人们开始将年幼的孩子寄托给幼儿园，在育儿上取代了原先的亲戚和邻居。家里吃的年菜也从原来自家做的饭菜变成一个花钱就可以解决的问题。金钱可以购买的劳动越来越多了。

并且，随着金融体系的发展，利用金钱保护自身的方式更加丰富了。购买保险可以在未来遇到困难时帮助自己。申请贷款可以让未来的自己出钱盖房子。只要用对了钱，人们甚至可以做好未来 50 年的打算。

就这样，伴随着时代的变化，人们对劳动和金钱的看法也发生了巨大变化。若是在过去，我们获取帮助的方式就是依靠周围人的免费劳动，所以人们普遍认为劳动是宝贵的。

然而到了现代，帮助我们的只有钱。于是乎，宝贵一词形容的对象从劳动变为金钱。更何况当代人只需手指一点就能完成购物，劳动几乎成为一个看不见摸不着的幻影。

在过去，提供免费劳动的目的是满足对方的幸福感，而不是金钱上的需求。可是由于绝大部分劳动都标上了价格，导致劳动的目的逐渐与金钱形成无法切割的关系。比起对方的幸福，让对方掏更多的钱成为部分人追求的目标。

从"以钱为中心的经济学"到"以人为中心的经济学"

图 4-3 展示的是之前提到的两种认识经济的角度。

以钱为中心的传统经济学会在一个人的时间轴上探讨因果关系。挣钱才能花钱，花钱必须挣钱。这套逻辑认为，如今的你能花钱购买别人的服务，是因为过去的你攒下了足够多的钱。

相反，从第 1 部分开始我们所寻找的因果关系，是在某个时间段内所有人共同生活的空间当中。现在你花出去的钱可以得到反馈，是因为在同一空间内有与之相对应的人为你提供劳动。正是由于他们的劳动，你的生活才能更美好。这就是以人为中心的经济学。

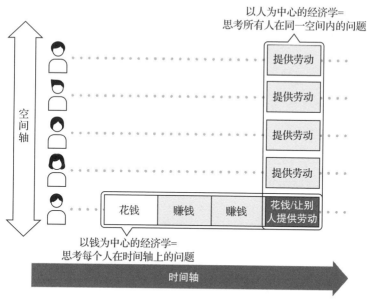

图 4-3　两种认识经济的角度

当然，金钱这项发明也有很大的功劳。金钱可以让素不相识的人为我们提供劳动，将人类社会扩展至地球的每一个角落。金钱连接起更多的人，缔造出一个无数人互帮互助的新社会。

但另一方面，金钱也是现代社会中的一堵"墙"，隐去了其他人存在的痕迹。它让我们误以为，"自己生活在空无一人的孤岛上"。若不推翻这堵墙，发现他人的存在，我们就有可能沦为利己主义者，无法与全社会的人互相支撑，最终为其他人带来麻烦。

从第1章到第3章，我们通过窥探钱包之外的社会现实，为经济指南针添加了如下修改。

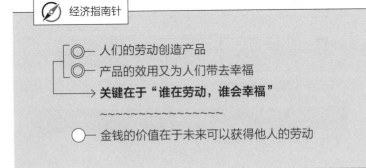

当我们思考经济问题时，只要掌握了这个经济指南针就不需要其他的预备知识。千万不要受到"金钱"的蛊惑，思考"谁在劳动，谁会幸福"这个问题就够了。关键在于要清晰地认识到我们所生活的空间，并带着这个观念去理解经济。

我们常常会误以为金钱与道德水火不容，普通人难以直观地理解经济。我们之所以会被这种观念误导，正是因为我们忽略了空间的存在。

从第 2 部分开始，我们将会从"以钱为中心的经济学"切换到"以人为中心的经济学"，继续重新认识空间上的经济和社会。

在这里我有很多谜题，想请那些对经济已有既定观念的人作答。

比如我们谈到"为什么不能让所有人同时在星期天花钱"的问题。其实我们不仅不能同时花钱，在过去就连"所有人都攒钱"也是一件不可能的事。

接下来，就让我们从这个问题开始探索吧。

"社会钱包"不分内外

如何才能增加社会整体的金钱总量？

A 存到银行拿利息。

B 大家一起工作赚钱。

C 基本上做不到。

"社会的总目标并非增加金钱的总量。"

这可是正儿八经的经济话题，而不是道德话题。其实大家都会幻想自己的钱包鼓鼓的，日子就有了盼头。别说别人，有时候连我都这么想。

但是对于社会的总目标而言，金钱总量的增加并不是一个明智的选择，甚至不可能作为一种可行的目标。因为如果不能一直印刷新的纸币，金钱总量也就不会增加。

你的钱包当然会有时鼓、有时瘪。如果你工作、投资赚了大钱，钱包当然会鼓。反过来说只要花了钱，钱包就会瘪。

之所以你可以增加钱包里的钱，归根到底是因为"钱包之外"有一片辽阔的世界。由于钱会从外界流入你的钱包，所以钱包内金钱的总量才会增加。

但是，名为社会的钱包不分内外。

试想一下，假如有一个包含整个社会的巨型"社会钱包"，其中又有许多个迷你钱包。当你领工资时，你的钱包收到的钱并不来自社会钱包之外，而是来源于公司钱包的转账。

相反，你买衣服时的转账会进入店家的钱包。在这个过程中，钱还是不会向社会钱包之外溢出。

无论是利息还是纳税，任何交易都只存在于一个钱包到另一个钱包之间。

在第 2 部分当中，首先我们将思考为什么人们会产生"金钱总量会增加"的错觉。然后我们再探讨，如果社会上的金钱总量不变，那么投资的意义在哪里，以及经济究竟为何而存在。

第 5 章

为什么拥有大量存款的国家不被认为是富裕的

日本是一个个人存款很多的国家。

但这并不代表日本是一个"富裕的国家"。

只要我们发现存款背后的逻辑，就能轻松明白这一道理。

要增加社会整体的存款总额，我们需要做的是什么？

A 努力工作赚更多的钱。

B 拒绝投资，将钱作为存款放在银行里。

C 向别人借钱。

答案

金钱不会增加

听说，日本国内的存款总额正在增加。

"日本央行发布的资金循环统计显示，2020 年 12 月末个人与企业存款达 1253 万亿日元（个人存款 955 万亿日元，企业存款 298 万亿日元），创历史新高。"

相信人们对这条新闻会有各种各样的看法。

"谁这么有钱啊？"

"日本真是有钱啊。"

"日本人吃苦耐劳，才会有这么多存款。"

"与其让钱躺在银行里，

不如拿出去投资吧。"

这些看法的共同之处是,所有人都理所当然地将存款的增加当作"金钱总量的增加"。

可金钱是不会增加的。

不知大家还记不记得之前提到的"按摩券"的例子。在这个例子中,你发行的按摩券有 10 张,所以按摩次数的上限也就是 10 次。如果按摩次数超过 10 次的话那就离谱了,说明肯定有假按摩券混在里面。

纸币也是如此。

如今日本发行的纸币,也就是现金的总额在 120 万亿日元左右。按理来说,金钱的总量不可能超过这个值。

在这里我为大家科普一个专业知识,叫作"存款形式的信用创造可以增加金钱"。这种解释使得许多人都误以为金钱真的会增加。造成这种错觉的原因不是"信用创造"这个词,而是我们习以为常的"存款"。

金融体系中最重要的戏法就隐藏在这里。

"存"字戏法

小时候一到过年，最期待的莫过于压岁钱了。过年那天给爷爷奶奶、叔叔阿姨挨个拜年，一轮下来能攒下不少钱。这时候妈妈看着你手里的压岁钱，总是会说："妈帮你存起来，省得你乱花了。"

满满当当赚了 10 万日元的你决定，把所有压岁钱都交给妈妈保管。妈妈打开一个崭新的信封，装好钱后准备顺手藏到一个你不知道的角落。

这时，爸爸冒出来问："老婆，我要修一下车，能借我 8 万日元吗？"

妈妈一边嘟囔道："到时候记得连本带利还钱哦。"一边从刚才的信封里拿出 8 万日元，打算交给爸爸。

这一切都发生在你眼前，于是你怒吼道："凭什么随便动我的钱！你要保管的话存到银行里去啊！"

你的愤怒是可以理解的。妈妈嘴上说着要保管，却立马便在你眼皮子底下递给了爸爸。妈妈甚至还打算赚点利息，这算什么道理？

但是，假如妈妈换一种说法，不是"保管"你的钱，而是从你那里"借"一些钱的话，你就没法反驳了。毕竟妈妈可以随意支配借来的钱。

妈妈明明白白说的是"存"。可是你期待的则是"保管"。于是，你最后只好喊出了一句"存银行啊！"

那么，银行是在"保管"我们的钱吗？

银行的职能主要有 2 个。

① 从存款人那里收集存款。
② 为需要资金的人提供贷款。

可见，银行的职能与妈妈的行为完全一致。

① 从孩子那里收集 10 万日元存款。
② 向爸爸提供 8 万日元贷款。

嘴上说着"妈帮你存起来"的妈妈和银行发挥着同样的作用。由此可见，刚才是你自己搞错了，冲着妈妈发火是不应该的。

银行说是帮我们"保管"钱，却不收取任何费用，相反还会支付利息给存款人。这足以证明银行是在"借"我们的钱。银行只要等存款人来取钱的时候再把钱还回去，就能成功地装出一副"保管"的样子。

所以银行并不是在"保管"，而是在借我们的钱。

那么"存款能增加"究竟是怎么回事？

为什么存款能比现金还多？

下面就让我们来看看让人眼花缭乱的银行机制吧。

金库背后有一扇"后门"

发明"存款"这个词的人绝对是个天才。

如果说是"借款"，那么大家都会担心银行到底会不会还。可一旦换成"存款"，安全感就高了不少。大家仿佛能想象到，在固若金汤的防盗系统和铜墙铁壁般的地下金库中，我们的钱被银行安全地保护着。

可实际上，银行并不是在保管我们的钱。银行的金库里甚至都没有我们的钱。

假设日本只有一家银行，管理着一座坚固的地下金库。

要是有人来存钱，金库的正门就会打开，存款人的现金会被送到金库里被保管起来。正门上还高高挂着"存款专用"的门牌。

假设有 10 个存款人，每人存了 100 万日元，那么银行的存款余额，即所有存款人的存款余额就是 1000 万日元。

如果有人要取款，金库的正门就会打开并送出现金，而银行的存款余额便会随之减少。取出了 100 万日元后，银行的存款余额会下降至 900 万日元。也就是说，只要掌握了金库正门的现金流动，就可以掌握银行的存款余额。参见图 5-1。

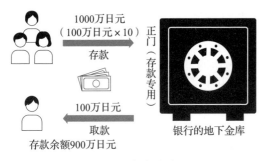

图 5-1　银行金库

这时，你以为金库里存着 900 万日元，并打开了金库。然而你却发现里面只有 100 万日元，剩下的 800 万日元消失不见了。

其实，金库后面还有一扇后门，银行的人会偷偷从这里把大把的钞票运出去。这道后门的门牌上写着"贷款专用"四个大字。

光靠把钞票堆积在金库里，是没法让银行赚到钱的。所以银行才会在金库后面设置一道后门，把钞票运出去贷款给别人。这 800 万日元并没有消失，而是分别贷给了个人 500 万日元以及企业 300 万日元，用于房贷和创业融资。

正门主要用于银行和存款人进行 900 万日元的存取。就如同刚才妈妈所做的那样，银行所做的是从存款人那里"借走了"钱。

换言之，我们的存款余额等于银行的借款总额。

而后门则主要用于银行和借贷人（个人或企业）进行 800 万日元的借贷。可以说银行所做的相当于转借。按常理来讲，借来的钱应该等同于借出去的钱。银行所做的实际上是以存款的名义借钱，并将其按照同等金额借给了其他人。

梳理一下就是：存款人借给银行 900 万日元，其中个人借走 500 万日元，企业借走 300 万日元，而银行借走了 100 万日元。参见图 5-2。

图 5-2　金库还有一扇门

这里有一点需要注意，那就是金库里只有 100 万日元。如果存款人来取钱的话银行该怎么办？

事实上，这种情况很好处理。反正大部分人只会偶尔取点钱，每次还只会零星取一点。况且，既然有取钱的人，那么反过来说就会有存钱的人。所以银行只要确保金库里有存款余额中的一部分现金，就足以应对存款人的取款。

正是由于我们随时都可以取出存款，所以大家才会误以为银行是在保管而不是借走了我们的钱。

不过当银行的信誉显著下降时，心存不安的存款人就会涌向银行，试图取出存款。这种取款风波一旦发生，银行就无能为力了。银行能做的只有冻结存款，若事态进一步恶化，最坏的一种可能就是银行破产。

实际上，银行无法返还存款的情况时有发生。这种情况的出现也证实了我们的存款其实并不在金库里面。

要存款，先借钱

那么如何才能让全社会的存款余额变多呢？

比方说，发工资那天你的存款肯定会变多，而公司的存款就会等量减少。从公司的银行账户到你的银行账户，钱只是转移了一下。

那么公司赚钱的时候，钱又会怎样转移呢？

假设，你所就职的公司正计划生产汽车。只要卖出一台 300 万日元的车，公司的银行账户就会多 300 万日元。

但这也不过是 300 万日元从客户的银行账户到了公

司的银行账户。虽然大家都在努力工作，但整体的"存款余额"并没有变化。

既然如此，日本是如何成为一个存款大国的呢？

为了思考这一问题，首先我们需要知道金钱出入银行金库的意义是什么。

已知金库的大门有两扇。首先让我们来关注金库的正门。现金进入正门会使得存款增加，反之则会减少。进来的额度（存款金额）减去出去的额度（取款金额）就等于银行的存款余额。

接下来是后门。如果从后门出去的钱增加了，就说明贷款在增加。而从这个门进来的钱意味着贷款已经被偿还了。所以出去的金额（贷款金额）减去进来的金额（偿还金额）就可以得出银行的贷款余额。参见图 5-3。

要想增加存款余额，就需要将金库外面的钱存进来。但是因为现金的数量不会超过纸币的发行量，所以当存款达到一定限额后就会停止增加。若要进一步增加存款，就只能增加金库外面的现金量。

图 5-3　银行金库的资金流动

若要在不印刷更多纸币的前提下实现这一点，就必须将金库里的现金先拿出来。要么取出存款，要么发出贷款。

当然，取出存款会导致存款余额减少。所以如果既要将金库中的现金取出，又要不触及存款余额，就只能让银行发出贷款。

所以当我们在购买汽车时，银行不会从我们的存款账户中直接提取现金，而是会通过汽车贷款借给我们 300 万日元。如此一来，存款余额自然不会减少，金库里的钱也能发出去。

我们用这些现金支付了买车费用后，这 300 万日元将存入汽车公司的存款账户中。以上做法可以让银行的贷款余额和存款余额分别增加 300 万日元，并且金库中的现金总量不会变。

　　由此可见，银行只能通过让他人借债的方式去增加存款余额。参见图 5-4。

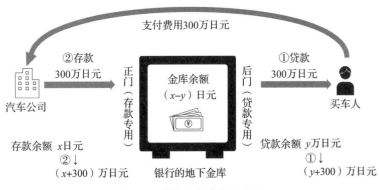

图 5-4　增加存款余额的方法

从后门取出现金（= 贷款），再从正门存入现金（= 存款）。

　　正是这种操作的循环往复，使得最初的 120 万亿日元现金逐渐膨胀为 1200 万亿日元以上的巨额存款。

"存款大国" 等于 "债务大国"

　　一旦我们了解了存款增加的把戏之后，刚才那条新闻的内涵就会有所不同了。

"日本央行发布的资金循环统计显示，2020 年 12 月末个人与企业存款达 1253 万亿日元（个人存款 955 万亿日元，企业存款 298 万亿日元），创历史新高。"

个人和企业的存款达到 1253 万亿日元，这意味着银行已经借了 1253 万亿日元。当然，其中大部分的资金并不在银行金库里，而是被银行转借给其他人。

借贷人不仅包括个人和企业，有时还包括政府。此时，银行会通过购买债券的方式借钱给政府。实际上，银行会大量购买企业以及政府发行的债券（分别为公司债券和国家债券）。

除了存款之外，还有一些相当于存款的资产，比如保险公积金。如果将它们全部加在一起，我们存在银行里的钱将达到 1800 万亿日元左右。当然，相应的债务总额也将达到约 1800 万亿日元。

光是看着个人和企业的存款余额就认定日本是一个富有的国家，这完全是一种错误的想法。日本人存款多并不是因为勤奋，也不是因为不投资，而是因为债务太多。我们只是在不停地扩大借贷。

在日本国内，政府产生了最大规模的债务，其金额超过了 1000 万亿日元。相信每个人都听说过日本政府目前所承担的巨额债务，也许还会有人因此而感到愤怒。

"我们努力工作，积蓄存款，可政府却在不断增加债务。明明是政府有错，为什么还要我们替他们擦屁股！"

乍一看，这个情节很像童话故事《蚂蚁和蚂蚱》。我们就像那只愤怒的蚂蚁一样，想不通"为什么要把自己辛苦存下的食物分给不劳而获的蚂蚱"。

不过日本政府的债务问题与"蚂蚁和蚂蚱"的故事完全不同。因为多亏了日本政府债务的增加，个人和企业的存款才增长到了现在这个程度。

我们换一个角度想想：如果政府没有让债务膨胀到 1000 万亿日元，那么这个资金缺口就需要通过税收弥补。这个金额便是 1000 万亿日元。也就是说，到时候我们的存款会比现在少 1000 万亿日元。

我并不是要肯定日本政府的负债。但是，如果将我

们存在银行的存款和政府的债务分开，就会产生一些不
必要的矛盾。人民和政府不应该相互对立，就像蚂蚁和
蚂蚱一样。

关于日本政府的债务问题，到了第 3 部分我们还会
详细讨论。

新冠疫情中发放的资金

2020 年，新冠病毒刚开始蔓延的时候，我们采取了
很多措施以防未来陷入资金不足的窘境。

首先我能回想起的是当时政府给每人发放 10 万日元
的事情。为了将这笔钱发放给 1.2 亿人，政府从银行金库
的后门取出了 12 万亿日元的现金，也就是政府借了债。
这笔钱被分给公民，然后再从正门进入金库，我们的存
款就增加了 12 万亿日元。在这里，借款和存款仍然是同
等增加的。

直接给个人分配补贴金的办法效果显著，但分配到
每个人的手里需要时间。补贴金的发放始于 5 月中旬左
右。实际上，当时我们已经通过另一条途径收到了超过

12 万亿日元的资金。不知你注意到了吗？

你可能会想："我没有收到这笔钱。"有这种疑惑是合理的。因为政府并没有直接分发这些钱，而是增加了企业的债务。

在 3 月份，政府采取临时措施，对中小企业提供无息贷款。中小企业通过借债支付业务伙伴的欠款以及员工的工资。

当时受新冠疫情影响，许多企业的经营活动陷入停摆，收入锐减。如果借不到钱，员工可能会遭到解雇，即便没有被解雇也有可能被拖欠工资；企业也容易被客户拖欠资金。政府正是通过无息贷款避免了大量企业破产，维护了就业市场。

能收到这笔钱的可不仅仅是那些负债企业的相关人员。如果员工动用了这笔钱，那么资金就会不断地流向其他地方。虽然很少有人能察觉到这一点，但正是由于这 12 万亿日元的债务，全国的存款可是实实在在地增加了 12 万亿日元。

可见，要想增加存款，只能让政府或企业去借钱。

为什么需要两道门

存款可以人为地增加。但是这也仅仅是增加了借贷，并不代表资金总量增加了。整个社会也并没有因此增添任何价值。

对于全社会来说，重要的不是增加资金，而是让资金流动。

为了尽可能多地让资金流动，银行的金库有两道大门。如果正门不太好走（不动存款），那么你就只能从后门出去（进行贷款）。因此，只要某些人的债务增加了，其他人的存款也会跟着一起增加。道理就是这么简单。

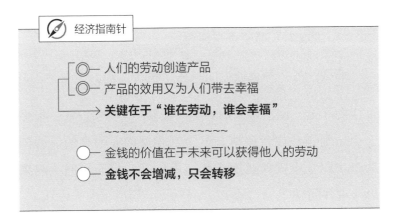

到这里，经济指南针上增加了"金钱不会增减，只会转移"一条。

金钱的总量无法增加。如果以金钱为中心来思考经济，那么人们可能会陷入拼命工作争夺金钱的旋涡当中。如果以人为中心来思考经济，人们不仅能够清晰地意识到金钱只是在流动，也能更加直观地体会到劳动产物的效用丰富了我们的生活。

我们所创造出来的东西不仅仅是有形的产品。服务、制度、机制等所有能够丰富我们生活的东西都包括在这里面。经济活动所能增加的是生活的丰富程度，而不是金钱。

为了谁、生产什么、如何让大家过得更幸福，取决于金钱的流向。一提到平时过日子而花的钱，也就是"消费"，相信每个人都应该很清楚。

那么，另一种金钱流向——"投资"呢？

实际上，创造未来的正是"投资"。听到投资，很多人会想到赚钱或者赌博。但是倒腾这些股票真的能够创造未来吗？投资和赌博有什么不同呢？下面我们一起来思考这些问题。

─────【补充知识】金融资产 ─────

虽然本书对"金钱"的定义从纸币扩大到存款，但总量不变这一点是恒定的，只是借贷变多了而已。这里再添加一点，哪怕我们将金钱的定义扩大到所有金融资产，其总量依旧不变。

我们所拥有的资产中，存在一种被称为"金融资产"的资产。国债、公司债券以及公司股票等都属于金融资产，寿险也属于此类资产。

像高盛这样的证券公司常常被人们戏称为炼金术师，可以凭空创造金融资产。这句话只说对了一半。另一半是，它同时也产生了金融负债。资产和负债的总和为零。所以这既不是炼金术，也不是魔法。

金融资产的本质与日本纸币以及按摩券相同，都是对未来的承诺。"金融"就是你和对方的一种承诺，你让对方融通资金，对方则承诺未来的返利。

国债或公司债券等债券的承诺，就是将本金加上利息还回去。如果是股票，就是承诺支付公司利润的一部分；至于寿险，则是承诺在被保险人死亡时支付保险金。这些承诺对于持有票券的人来说是一种资产，但对于发行票券的人来说就是一种负债。对于发行方而言，他们更希望这些负债凭空消失。只要金融资产增加，就必然会伴随这种金融负债的增加。这和刚才的借贷是一个道理。

在第 2 部分开头的问题中，我没有明确"钱"的定义，但无论如何定义，整个社会都无法以金钱的形式增加任何价值。

第 6 章

投资
与赌博有何
不同

投资创造未来。

不过人们投的钱会被用到哪里呢？

如果不认真思考这个问题，恐怕投资就真成赌博了。

我花 10 万日元买了一个看上去涨幅不错的公司的股票。这 10 万日元主要流向哪里了呢?

A 该公司购买的设备以及员工的工资。

B 该公司偿还的银行债务。

C 与该公司毫不相关的人。

答案　

名为投资的"倒卖"

无论是出于何种原因，毋庸置疑的是日本拥有大量的存款。面对规模如此庞大的存款，有些人可能会建议我们去投资。

"让钱躺在银行里是一种浪费。你最好投资那些有前途的公司的股票。"

这听起来似乎是一个合理的建议，但有的人可能会难以接受。

"预测股票的涨跌不就是赌博吗？这不纯属时间和金钱的浪费吗？"

然而，如果你下意识地说出这么一番话，就有可能会受到以下反驳。

"股票和赌博是不一样的。如果你投资了股票,这些资金就会被用于企业的发展。企业就可以投入更多的设备、招聘更多的员工。这样企业会变得更大,效益也会变得更好。"

这套话术你肯定在哪本书上见到过。这话确实没错。只是正确率在 1% 以下罢了。你的直觉比他的话要正确得多。说实在话,每年的绝大部分股票交易都仅仅是倒卖而已。

换言之,99% 以上的股票投资都是在赌博。

用于企业发展的钱只有不到 1%

倒卖股票与倒卖音乐会门票类似。假如有一位你喜欢的歌手要开演唱会,明天开始预售,售价为 1 万日元。

如果你买了票,这笔钱就会交给演唱会的主办方。主办方有了这笔钱,才能够准备演唱会所需的设备和场地。这笔钱也将支付给你喜欢的歌手,此外还可以用于发展他所属的娱乐公司。

发售当天特别火爆，预售票在 5 分钟内售罄。遗憾的是，你没能买到票。此时，一个倒卖门票的黄牛找到了闷闷不乐的你，说："你花 3 万日元，这票就给你了。"由于你很想去看这场演唱会，于是你支付 3 万日元买了门票。

正规渠道销售的门票和倒卖的门票之间的区别不仅仅在于价格，最关键的差别是钱的去向。你刚刚支付的 3 万日元并不会交到你所支持的歌手或公司手里，而是流入黄牛的钱包中，并用于他的生活开支。

投资股票时也会发生同样的情况。其实大多数人购买的都是被倒卖的股票，大部分资金并没有流向购买者想要支持的公司。

2020 年，日本交易所集团旗下的证券交易所发生的日本股票年交易额为 744 万亿日元。而通过证券交易所发行的股票筹集到的资金则不到 2 万亿日元。用演唱会的例子来说就是，主办方卖出的门票只有 2 万亿日元，而剩下的 742 万亿日元都是来自倒卖门票的交易。

只有在公司发行新股时，筹集到的资金才会流向公司，并用于该公司的发展。除此之外的交易全都是倒卖。

演唱会门票的倒卖只会持续到演唱会当天，但股票可以一直倒卖到公司破产。

当然，我并不是说股市毫无意义。如果股票市场上不能倒卖股票，那么想要购买股票的人就会减少。正是因为股票可以出售，公司的股票发行才会变得如此容易。

只是你以为你的钱会被投资给公司，实际上却被送到那些倒卖股票的人手里，而公司拿不到一分钱。

由此可见，这场倒卖只不过是一场赌博。

胜利条件是"高价卖给别人"

实际上，很多我们自以为的投资都可以被称为"投机"，其目的就是倒卖。无论是股票还是外汇，靠低价买入高价卖出的办法赚钱的例子非常常见。以倒卖为目的购买葡萄酒或音乐会门票的行为也是一种投机。

投机者会通过价格的上涨获利。但是此处的价格上涨并不是像树上结果子一样，真的有什么东西在生长。

就算音乐会的门票从 1 万日元涨到 3 万日元，音乐会的质量也不会变好。

这里"涨价"的意思只是说，投机者"找到了愿意以高价购买门票的人"。无论音乐会的质量好坏，只要门票能卖出高价，他们就能赚钱。

有人靠高价赚钱，就说明有人被迫以高价买入，就像你不得不花 3 万日元买一张票一样。相反，有人买到便宜货，也说明有人不得不以低价卖出。这就是为什么我会说，投机这种倒卖行为本质上是一种赌博。因为他们所做的并不是栽培果树、分享硕果，而是在各个参与者之间争夺固定数额的金钱。

相信有些人会激动地说："日经股价正在上涨，说明我们的经济正在增长。"如果他们只看到股价就高兴的话，就跟那帮兴高采烈的黄牛没太大区别。

就像热门演唱会的门票会在黄牛市场上价格冲天一样，如果某只股票的买家增加，那么股价就会上涨。但这并不意味着每个人的生活都因此变得更加富裕。只有那些成功以高价出售股票的人才会高兴。

回到我们的经济指南针。在这里我们也能发现，让生活更加富裕的不是公司的股价，而是公司创造出来的产品所带来的效用。

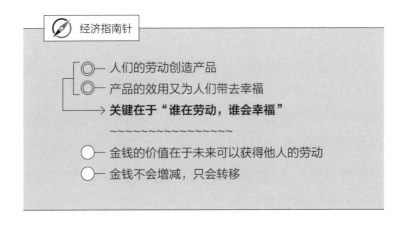

比方说，铁路公司运营的铁路会为我们带来效用。能够提高这种效用的，只有铁路公司的员工，而绝不是那些大量购买铁路公司的股票，把股价炒上去的人。他们所做的不过是手里攥着股票，坐在那里说闲话罢了。[⊖]

⊖　一些投资家购买了一定比例的股票后，会提供积极的建议来改善公司；还有一些投资家会大量购买某个公司的股票，借此收购整个公司。他们的行为当然不是虚的，而是实打实地在尝试改变企业的效用。

我们的生活当中更重要的是公司带来的效用。效用增加了，公司就能赚到钱，股东拿到的股息也能增加，其结果就是股价上涨。这才是我们需要的股价上涨。但这也只是结果，而不是经济的目的。

不仅仅是股票，投机过热也会导致价格上涨。这种价格上涨的唯一作用就是让别人多掏钱，并不能真正提高效用。

资产价格的上涨与"口罩供应问题"之间的共同点

房地产也是投资或投机的对象之一。东京的新楼盘房价在 10 年间上涨了近 40%。10 年前买一套公寓要花 5000 万日元，而如今至少要 7000 万日元。

于是很多人会欢呼："资产价格涨了!"所谓资产价格，指资产售价兑换为货币的量。房价涨了，手里有房的人开心也是理所当然的。

不过在这种情况中，效用真的增加了吗？

这个问题也和上文提到的股价有点类似。随着交通网络和城市的发展，人们的生活变得更加快捷，最终的结果就是公寓房价上涨，这本来应该是一件令人高兴的事。但是在过去 10 年里，东京的生活便捷程度改善了40% 吗？好像房价上涨的幅度与便捷程度的提高不成比例啊。

如果你把自己的房子卖了，那么的确可以赚到房价上涨的那部分钱。但是只要你还住在东京，就没法从房价的上涨中获利，因为你依然要有地方住。所以就算公寓的资产价格上涨了，你还是赚不到钱。

以倒卖为目的持有"自己用不到的东西"的人才会因为资产价格上涨而高兴。因为他们只需要高价卖给急需这些东西的人，就能赚到这笔钱。这也是为什么投机者会特意购买自己不住的房子。

然而，如果你大量持有自己用不到的东西，就会使得真正需要它们的人陷入困境。这一点与疫情期间高价倒卖口罩的现象本质上是相同的。

2020 年，新冠疫情刚开始暴发的时候，日本全国都出现了买不到口罩的现象。这是因为有些人为了倒卖而囤积了大量口罩，导致口罩价格飙升，甚至有些口罩的价格被炒到了平常价格的 100 倍以上。

虽然社会上还有很多口罩，但是真正需要口罩的人却得不到口罩。这在当时成为一个严重的社会问题。

应该为这种现象负责的是那些囤积口罩的人。尽管由于口罩价格的飙升，这些人手中的口罩的资产价格上涨了，但还有更多人无法正常获取口罩，也就是被剥夺了效用。

这次事件中的加害者和受害者都很明确，因果关系也很清晰，所以那些倒卖口罩的人的恶行被揭露了出来。

炒房在本质上也是一样的。炒房的本质就是购入自己不住的房子，然后再高价卖给真正需要房子的人。尽管这个问题很难从直观上察觉到，但也正是由于房地产投资热导致的价格上涨，使得有些人无法住在自己想住的房子里。

那些实在急需一套房子的人就只能斥巨资买房。多出来的钱就是那些搞房地产投资的人所发的财。这绝不代表社会的价值总量在增加，我们的生活在变好。只是在一场赌博中分出了赢家和输家而已，况且输家还是被强制卷入这场赌博的。

与其参与这场名为投机、实为赌博的游戏，还不如让钱老老实实地躺在银行里。有人还在妄称："让钱躺在银行里是浪费。"这种言论未免太不负责任了。

可是问题来了，刚才说了这么多，那么究竟什么才算是"充实生活的投资"呢？

投资就是"为未来下的功夫"

本质上，"投资"是什么呢？

"学习是在投资未来的自己。"

"马路和图书馆来自公共投资。"

"投资企业发行的股票。"

我们在许多场合都会用到"投资"这个词，但这些用法都包含一个共同含义，即"为未来而花钱或下功夫"。

学习被称为投资，是因为我们现在下的功夫可以为未来创造更多的可能性。比如我们会为了上大学，或者取得某个资格证书而苦读数年。而马路和图书馆等公共投资是为了改善人们未来的生活。

最后，投资给公司的资金将在未来被用于产品的生产和研发。

无论是消费还是投资，我们在投入资金时主要会比较两件事情。在消费时，我们会比较商品带来的"效用"和"价格"，从而决定购买与否。

在投资时，我们会比较该业务的"收益"和"费用"。业务收益就是客户支付的钱。如果客户不满意，他们就不会付钱。所以我们才会考虑该业务能够提供多少效用。

而费用指开启业务或业务运营所需的资金，包括企业要聘用多少员工，从其他公司购买多少器材和设备等。所投入的资金会成为员工的工资，以及从其他公司购买设备的开支。就像在自助餐的例子中所提到的那样，所有费用都将被支付给各种劳动。

换言之，收益和成本的比较，相当于是在企业未来能带来的效用，和目前该业务所耗费的劳动之间做对比。

一旦我们决定投资，投资资金将通过企业家开始运转，吸引大量劳动力，从而启动业务。该业务的成功也能进一步充实我们未来的生活，让我们可以享受到新的产品和服务。

总结一下，本章的问题是"投资与赌博有何不同"。

很多人脑海里想象的投资往往是一种被称为投机的赌博行为。但实际上，真正的投资资金将被用于吸引劳动力，被吸引过来的人可以通过工作创造出新的价值（效用）。这是一种生产性活动，和那些争夺金钱的赌博截然相反。

投资不善之罪

不管是投机还是投资，谁都想赚钱，谁也不想亏钱。不过投机和投资的"亏"法还不太一样。

一次失败的投机不过是一场耻辱，而一次失败的投资就是一种罪过。

因为投机只是一场金钱的争夺战，所以不管谁亏了，对面总有人会赚到钱。亏不亏只是个人的问题，从社会的角度而言没有什么损失。

当然，就算投资亏了，钱也不会凭空消失。那些为该业务付出的员工还是可以得到这笔资金，金钱的总量不会因此发生改变。

但是投资亏了，就意味着创业的失败。这也就说明，与这项业务消耗的劳动相比，客户能体会到的效用太少了。许多劳动都付诸东流。如果能把这些劳动用到其他方面，我们的生活可能会变得更好。

近年来，我们的房地产投资很火爆。许多个人或企业开始经营公寓，大量新房拔地而起。但是由于日本人口增长停滞，导致房屋空置率不断上升，公寓经营亏损的现象越来越严重。

这正是一个劳动被糟糕的业务白白浪费的典例。首当其冲的是身为投资者的银行，因为它们优先选择向房地产行业提供贷款，而不是其他业务。都怪它们的投资，使得大量劳动力被消耗在效用低下的公寓建设上。

如果说"让钱躺在银行是浪费"的意思是"将一切

都交给银行，劳动力就会被浪费"的话，那么这句话简直太对了。投资需要对劳动力的使用承担责任。

投资设计未来，消费选择未来

21 世纪已经过去 20 多年了。在过去的 10 年里，信息技术取得了惊人的进步，我们的生活变得更加便利。这是由于巨额资金被投资于信息技术的开发，以及信息技术产品的生产，最终使得人们得以大量消费这些产品。

投资是为了规划未来的生活，思考如何让生活更加充实，并投入资金用于研究、开发和生产工作，从而增加未来的选择和可能性。

剩下的就可以交给消费者的选择了。消费者会从多个选项中选出可以充实自己生活的产品，并投入资金。这些资金不仅会被用于生产活动，还将被持续投入研发中，进而提高产品的品质和性能。

在投资和消费的双轮驱动下，世界朝着未来滚滚向前。在货币经济中，如果没有资金流动，我们的劳动就无法维持，产品也无法生产。同样，我们也无法产生更多更好的效用去实现我们所期望的生活品质。

因此，银行的金库不仅正面有门，后面也有门。正是因为有了这两道门，才使得我们除了提取存款外，还可以通过银行贷款来促进资金的流动。

尽管这听起来可能有点啰嗦，但是钱的作用仅仅解决了资金流动的问题。信息产业中所投入的不是金钱，而是庞大的劳动。投资和消费中的资金决定了劳动的分配，而这种分配又构成了未来的基础。

如果我们依然还像 20 世纪那样，延续了对汽车产业以及家电产业的投资和消费，那么如今很可能就难以享受信息技术所带来的便利了。当然，投资信息产业可能也不是最优解，如果我们将资金投入其他地方，或许能打造一个更加便捷的世界。

无论怎么说，新的价值（效用）通过劳动的投入得以产生，人们也借此过上了更加舒适便利的生活。只要将现在的生活与 20 年前的比一比，这一点似乎就更加明显。

然而专家却认为，自 1990 年初泡沫经济破灭以来，我们的经济几乎没有任何增长。他们称之为"失去的 10

年"或"失去的 30 年"。

他们口中的"经济增长"指的是什么呢?

经济增长真的能改善我们的生活吗?

在第 7 章当中, 我们将探讨这些问题。

经济泡沫层出不穷的原因

在第 6 章的最后, 我想再谈谈泡沫经济的问题。我经历过多次因投机引起的繁荣和暴跌。这种泡沫经济从数百年前开始层出不穷。我认为其原因在于两种盲信。

一是相信最后的成交价格才是商品的价值。

二是相信只要价格合适, 随时都可以出售。

17 世纪的荷兰掀起了郁金香泡沫。当时郁金香还很稀有, 其球茎更是一种奢侈品。尤其是带条纹的多色郁金香非常鲜艳美丽, 因此交易价格水涨船高。

当人们对球茎的需求超过其产量时, 其价格就会上涨。需求者中不只包括对郁金香有实际需求的人(真的想要郁金香的人），还包括一些投机者。随着价格持续上涨，越来越多的投机者开始涌入，导致球茎价格继续攀升。

当价格超过郁金香的美观价值后，实际需求就会减少，持有球茎的人开始抛售球茎。

与此同时，城市中开始流传靠郁金香投机致富的传闻，导致越来越多的人开始购买球茎。即便那些对郁金香有实际需求的人都已经开始抛售球茎，投机者仍在纷纷涌入郁金香市场，使得郁金香价格进一步上涨。

不过，还有些潜在买家仍然犹豫不决。

"球茎的价格太高了，还能继续涨吗？"他们依然保持着怀疑的态度。

然而，只要越来越多的人以投机为目的购买郁金香，价格上涨的脚步就不会停止。最终，实际需求交易将不复存在，投机行为逐步占据了全部的郁金香交易。

渐渐地，原本持怀疑态度的人也开始改变想法。他们发现"再不买就上不了车了"，于是最终也纷纷买了球茎。在当时，一只球茎的价格已经上涨到足以买下一栋房子。

就这样，球茎以最高价被不断交易，并且所有希望以球茎投机牟利的人都获得了球茎。此时，每个人都感到无比幸福。

这时候，所有参与投机的人都以为自己在赚钱。因为他们相信最后成交的价格就是球茎的价值。而且，他们从未怀疑过这个价位上的球茎能不能随时卖出。

然而，要想确保获利，就必须让其他人以高价购买球茎。但此时已经没有人愿意买了。因为那些以投机为目的而购买的人都已经拥有了球茎。

现在已经没有人愿意买球茎了。那么剩下的唯一选择就是崩盘。哪怕在跌价之初就急匆匆地出售球茎，也为时已晚。到这时候，就算你想卖也找不到买家，只能眼睁睁看着价格狂跌。

后人回顾此事时会觉得，以不合理的高价购买球茎的行为非常荒谬（因为其效用与价格完全不成比例），但当事人却完全相信："成交后的价格才是价值。价格之所以高，就是因为有价值。愿意以这个价格买进的人要多少有多少。"

　　这样的经济泡沫总是延续着相同的套路，一直反复持续到今天。当交易价格上涨时，每个人都会觉得自己在赚钱。不过，只要没有人被迫以高价买进，他们就无法获利。这种完全没有考虑效用的交易只是一场赌博。

　　当泡沫破裂时，"失去了大量财富"之类的话常常出现在耳边。这种言论略显荒谬，因为财富其实并没有膨胀，膨胀的只有我们的痴心妄想。

第 7 章

经济不增长，我们的生活会更苦吗

据说泡沫经济崩溃后，日本的经济几乎没有任何增长。

然而"经济增长"一词中的"经济"所指的，其实并不是生活的富裕程度。

下列选项都可以充实我们的生活。那么其中哪一项
能促进"经济"增长？

A　提高生产技术，低价出售大屏电视机。

B　虽然电视机的价格会上涨，但是增添了新的功能。

C　彻底贯彻品质管理，让电视机更加耐用。

答案 （B）

金钱似流水

"金钱就是经济的血液。"

银行等金融机构的人通常爱说这句话。然后他们接着会说："而银行（金融机构）就是把血液输送出去的心脏。"

然而实际上并非如此。金钱并不像血液一样有流淌的管道，也不含营养物质。此外，有能力推动资金流动的也不只有金融机构。

金钱在社会的每一个角落都在流动，而这种流动是由我们每个人促成的。也就是说，钱就像地球上循环的水一样。

如果把钱比作水，那我们的钱包就像是水坑。如果我们俯瞰大地，会发现地球上到处都是大小不一的水坑。类似地，不仅是个人，各个商店和公司也有自己的水坑。

而花钱就像水从自己的水坑流到其他水坑里。比方说，你买盒饭的时候当然需要付钱，此时你的水坑里的水就会流到便利店的水坑里。然后这些水还会继续流到其他人的水坑里，比如便利店的店员，以及肉店员工和农户等为盒饭提供食材的人。

无论是买衣服、坐地铁还是看电影，钱就像水一样流逝，然后汇聚到那些从事生产活动的人的水坑中。有时，银行提供贷款或投资者向企业投资也可以让资金流向需要的地方。

水会不断蒸发，化作水蒸气，凝聚成大朵大朵的云。这些蒸发出来的水就像是大家缴纳的税。当你向便利店"泼水"的时候，其中一部分水会以消费税的名义蒸发。你的水坑里所存的一部分水，也会以所得税的名义蒸发到天上的云里。

聚集到空中的水会变成雨滴落到地上。建造国立竞技场的时候，雨点就会落到施工方的头上。还有一些雨会像儿童津贴一样，精准落在那些需要抚养费的家庭当中。

政府扮演的角色可以自由掌控乌云，在金钱的循环中发挥着重要作用。政府有时会直接促进资金流动，有时则通过政策和制度来引导资金流动。

政府想要促进资金流动的原因主要有两个：一是创造有用的产品从而产生效用；二是向生活困难的人分发补助。

金钱就像水一样在社会中不断循环。看样子，似乎只要让金钱流动起来，所有人就会变得更幸福。但是，如果我们只关注金钱的流动量，就很容易被专家的一种说法给糊弄了。

那就是"为了经济"。

这种说法似乎和"为了让资金流动"是一个意思，但是他们巧妙地通过"经济"这个词，赋予它某种神奇的说服力。于是，本应该为了人类而存在的经济，反过来开始强迫人类做事了。

当资金的流动本身成为目标之后，人们就意识不到自己正在做一些无用的劳动，也察觉不到自己为大家带来的效用实际上微乎其微。

"经济效果"一词的陷阱

据报道，"日元纸币将于 2024 年推出新版设计。根据估算，本次新纸币的发行将带来 1.6 万亿日元的经济效果"。

经济效果达到 1.6 万亿日元，这听起来对于我们来说应该是件好事。但是，这句话里面潜藏着一个巨大的陷阱。如果我们误解了"经济效果"这个词，我们就会在不知不觉中陷入内耗而无法自拔。

接下来让我们重新思考一下这篇报道的含义。

2024 年，1 万日元纸币上的肖像将从福泽谕吉变为涩泽荣一。要更换纸币的设计，就需要购买各种机器。日本央行需要购买新的印钞机；金融机构需要购买一批可以识别新纸币的 ATM；经营自动售货机的人也需要更换机器。这些机器的购买成本总计 1.6 万亿日元。他们把这些称为经济效果。

我们不妨再看看经济指南针吧。此时，这里同时发生了两个变化。

①金钱会转移。

②劳动转化为产品。

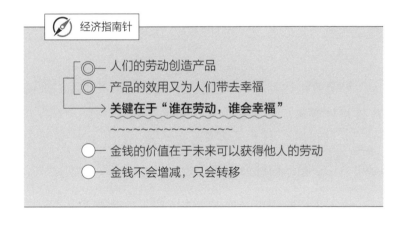

首先，让我们谈谈第一点，金钱会转移。

有人说"更新设备可以产生 1.6 万亿日元的需求和新的就业机会"。由于价值 1.6 万亿日元的就业出现在社会当中，所以社会的总体收入将增加 1.6 万亿日元。

然而，只有生产者才能拿到这 1.6 万亿日元。不得不说，只要 ATM 生产商和其他相关企业的销售额增加了，这些企业员工的工资就会增加，这个过程也的确可以创造新的就业机会。

然而，社会的总体支出也增加了 1.6 万亿日元。银行购买新的 ATM 会导致银行的资金减少，进而导致银行员工的薪水减少，甚至可能会让银行提高我们个人账户的维护费用。

"1.6 万亿日元的经济效果"的意思只是"转移了 1.6 万亿日元"。从总体来看，金钱并没有增加。因此对于社会整体而言，比金钱的转移更重要的是第二点，即劳动转化为产品。

不划算的劳动

当我们将注意力转移到劳动向产品的转化时，我们究竟会发现什么呢？

1.6 万亿日元的流动，会驱使大量劳动力生产出印钞机、ATM 以及自动售货机等机器，进而将新纸币的流通变为可能。这些新的纸币所带来的效用主要是防止伪造纸币。

人口为 5 万的鸟取县一年的地区生产总值约为 1.9 万亿日元，因此 1.6 万亿日元这个数字就相当于鸟取县总人口级别的劳动投入。相对于如此巨大的劳动成本，如果纸币带来的效用比较大，就说明这种生产活动对于社会而言是有意义的。反之，如果效用较小，则说明对社会造成的负担过大。

如果这是自然发生的生产活动，那么就不需要比较成本和效用。因为效用自然会比劳动成本高。

这里的原因有两方面。一方面，劳动者会认为，如果能拿到 1.6 万亿日元的报酬，他们就愿意承担这样的劳动（劳动成本＜ 1.6 万亿日元）。另一方面，使用者会认为，如果可以获得相应的效用，他们就愿意支付 1.6 万亿日元（效用＞ 1.6 万亿日元）。所以"劳动成本＜ 1.6 万亿日元＜效用"的不等式成立。

然而，像新币发行这种受政策影响而半强制进行的生产活动，则很有可能出现"劳动成本＞效用"的情况。

借用第 1 章中四兄弟的例子，发行新纸币时会发生的事情就更好理解了。这就好比有一天，爸爸公布了如下通知。

"自明天起，若要使用 1 马克纸币，则必须在纸币的空白处画上涩泽荣一的肖像。"

擅长画画的老大认认真真地为自己的每张马克纸币都画上了涩泽荣一的肖像。而其他三人则向老大支付 1 马克的手续费，让他为自己手里的纸币绘制肖像画。这样就产生了 3 马克的经济效果。

但这样做能让他们的生活变得更加充实吗？这样做的结果仅仅是将其他三人的钱转移到了老大手中，中间没有产生任何实际效用，只是徒增了一项毫无意义的工作。

我并不是想批评新纸币的发行。我想说的是，最重要的是要思考 "多少劳动能够带来多少幸福感" 这个问题。如果单单只是为了实现 "GDP 增长" 或 "创造就业机会" 而盲目追求经济效果，就有可能产生许多不划算的工作。所谓经济效果也不过是表示资金流动量的数字而已。

所以，当我们听到 "经济效果" 这样的词时，首先应该怀疑 "这是不是某种效用不明的生产活动"。倘若我们被表面数字所迷惑，对劳动或资源的投入与效用不成比例的现象放任不管，那么这个社会会逐渐陷入内耗当中。

我们之所以只会考虑金钱的流动，是因为我们已经忘记了经济的目的。就像那些为了提高考试成绩而"悬梁刺股"，却忘了学习的目的是提高自身学习能力的学生一样。

GDP 是"考试分数"

资金的流动方式决定了劳动力和自然资源的用途，从而决定了我们的生活能够变得有多富裕。然而，生活的富裕程度却无法客观地进行量化。

因此，我们将国内生产总值（GDP）增长作为目标。这里的"我们"指的是代替所有人进行整体决策的政府。

GDP 表示的是国内一年新生产的产品价格总值。这代表着所有人支付的总金额，也相当于为了生产而流动的资金总量。因为我们无法衡量整个国家的"生活富裕程度"，所以我们只好先用表示"产品价格总值"的 GDP

来替代。

日本经济在过去一年"几乎没有增长"或者"实现了2%的经济增长"等说法中的经济增长，指的是GDP在过去一年里的增长率（严格来说这里会进行价格调整等计算修正）。我们会基于GDP的增长程度去评价政府的工作。如果GDP增加了，我们似乎就应该认为人们的生活变得更加富裕了。

这就好比学校的期末考试。由于学校无法客观地将学习能力量化，因此我们只好认定考试分数代表学习能力。即便我们学习的目的是提高自身学习能力，而并非提高考试成绩。

然而在评判分数的过程中，学习的目标逐渐被扭曲了。考试分数反而成了学习的目的。于是我们开始夜以继日地学习，只要熬过了考试，就算忘了这些知识也无所谓。

那么我们社会的目标是什么呢？是GDP吗？难道不应该是让每个人的生活变得更充实吗？

由于效用因人而异，所以我们无法量化每个人想要的效用。因此在所谓的"经济"讨论中，人们将价格视作价值，从而也催生出"经济价值"一词。

家里做的饭团没有经济价值，而便利店的饭团就有经济价值。花 100 亿日元建造的机场就有 100 亿日元的经济价值。

当我们开始习惯用经济价值来思考问题时，经济价值就会被认作价值。即使没有一个人使用这座机场，人们也会相信耗资 100 亿日元建造的机场就是具有 100 亿日元的价值。长此以往，人们变得只看重金钱，而不顾其他人的幸福。

再也没有人去关心"谁会受益"或"增加多少效用"等问题，那些只提倡经济效果以增加 GDP 的政策会更受青睐。我们自己也会变得忧心忡忡，如果今年的 GDP 没有增长，我们就会怀疑自己的生活是不是止步不前。

但是请不用担心，我们的生活的确在不断改善。

"效率"与"积累"丰富我们的生活

2000 年，30 英寸的电视机售价为 10 万日元。到了

2020 年，50 英寸的超薄电视价格才不到 10 万日元。

生产技术的进步使得我们能够买到廉价且高效用的产品。但是，如果只看经济价值，我们不仅无法意识到这一点，还可能会误以为 GDP 下降了。

带着这个观念，我们再来回顾本章开头提到的问题。首先，选项 A "提高生产技术，低价出售大屏电视机" 无疑会阻碍经济增长。

其次，选项 C "彻底贯彻品质管理，让电视机更加耐用" 也一样。这种做法虽然会减少维修费用和更换费用，从而节省了开支，但这对于 "经济" 来说是负面的。所以这个问题的答案是 B。

然而对于我们来说，妨碍 "经济" 增长的选项 A 和选项 C 是好事。因为产品的生产效率和使用效率都提高了。于是我们可以用更少的劳动获得更多的效用。

丰富我们生活的是 "效率" 而不是 GDP，而 "积累" 也在丰富着我们的生活。我们的生活并不是建立在某一年的劳动基础上，而是基于劳动在过去的积累。

下面我来列举几个真正能感受到生活富足的例子。

- 高速公路、铁路以及新干线等全国交通网络日益发达，人们可以快速便捷地前往全国各地。

- 所有人都可以接受义务教育，高等教育设施遍布全国。

- 人们通过使用智能手机可以及时获取视频、音乐及各种信息。

- 通过社交网络，再小的声音也可以传递给整个社会。

交通网络的发展所带来的效用来自几十年甚至更久的劳动积累。我们无法仅凭一年的 GDP 来衡量这种效用。

如今，大多数主要城市之间都已经开通了高速公路或新干线，新铺设的公路或铁路所产生的 GDP 呈下降趋势。但这种下降表明我们已经满足了基本需求，因此无须对生产活动的减少而感到悲观。虽然目前新铺设的公路或铁路里程都比较短，但每一条新线路都能实实在在地为我们增添更多便利（当然，基础设施的老化问题需要另外考虑）。

医疗设施和教育设施也是如此。过去的劳动积累了大量基础，为现在的我们带来了很多效用。

技术同样是过去的积累。我们手中的智能手机蕴含了很多技术，我们可以用一台智能手机替代诸如电话、相机、电视、音响、电脑等设备。现在我们不用再去买这些价格高达 10 万日元以上的产品，只需一部手机就可以享受这些设备的功能。所以尽管 GDP 有所下降，但效用却在增加。

制度和体系也是一种过去的积累。过去的人们所设计的医疗制度让每个人都可以加入医疗保险，儿童甚至可以免费享受医疗服务。再比如，通过社交网络等互联网体系，我们可以揭发社会的黑暗。

我们的生活建立在过去的劳动之上，而短短 1 年的 GDP 仅能反映我们生活中的很小一部分。

现在就是未来的基石

在第 2 部分中，我们探讨了有关整个社会的钱包的问题。社会的钱包不分内外，因此金钱不能凭空变多，增加金融资产的尝试也没有意义。

现在，我们以 GDP 增长为目标进行生产活动。如果 GDP 不增长，那么收入就会减少，经济上遇到困难的人就会增多。

然而，即使我们强制推行那些几乎不产生任何效用的生产活动，资金也只会流入少数富裕阶层的腰包。与其这样做，还不如直接向有困难的人发钱。或者好好思考究竟如何才能有效地利用劳动力和自然资源。就像过去的人们创造了现代生活的基础一样，我们也正在为未来打造基础。

举个例子，我们就好比生活在一座高塔之上。塔的高度就是过去的积累带来的效用，塔上能眺望到的美景代表了生活的富裕程度。每年我们都会花费 GDP 来扩建塔的最高层，让塔越来越高。

塔越高，视野就越好，我们的生活就越富裕。可是如果我们盲目地增加 GDP，塔就不会变高。就像无人问津的机场一样，有些东西并不会增加效用。有时候，长期以来积累的生产技术反而可以凭借较小的成本创造出更多的效用。所以我们无法仅凭一年的开支来衡量塔的高度增加了多少。

此外，GDP 所代表的年生产总值仅仅是顶层建筑成本的一部分。在顶层可以看到美景，依托的是下面的地基。我们习以为常的马路和下水道便是由那个时代的劳动所建造的，且早已包含在几十年前的 GDP 当中。

于是，我们现在建造的顶层将成为未来的基础。虽然 GDP 只包括通过劳动生产出来的产品，但在这个过程中培养的技术、我们为了自己的幸福而制定的制度等，不仅能够充实我们现在的生活，也与我们未来的幸福息息相关。所以如果我们只顾着追求 GDP，那就说明我们的目光不够长远。

未来是我们自己的未来，也是下一代人的现在。

那么为了打造一个幸福的未来，当下的我们应该做什么呢？

在最后的第 3 部分中，我们将思考有关全社会的问题。

具有社会普遍性的问题不能靠金钱解决

下列选项中，政府征收的税可以解决的问题是哪项？

A 贫困问题。

B 养老问题。

C 政府债务问题。

答案 —— Ⓐ

如前文所述，从全社会的角度来看，金钱并没有增加，只有让金钱流动起来才具有意义。我们通过促进资金流动来凝聚劳动力，从而创造出产品。这些产品所带来的效用又会让人们过上幸福的生活。

也就是说，金钱在社会中发挥着分配劳动和产品的作用。首先，分配劳动是指将劳动投入到哪里，比如建造公寓，生产智能手机，推进数学、量子力学、IT技术等科研项目，以及探讨新制度的实施等。这种劳动的分配取决于投资、消费等金钱的流动方向。

其次，产品的分配由投

入资金的人决定。而使用这些产品的人也许恰好就是投入资金的人，也有可能是通过赠予得到这些产品的人。就好比政府投入资金铺设的马路，社会上的所有人都可以免费使用。

我们的社会面临的种种问题当中，只有分配问题可以通过金钱来解决。假如有穷人买不起生活必需物资，那就发给他们一些钱，这被称为低保。只要用了这些钱，物资的分配就会改变。假如幼儿园不够用，那就增加育儿政策的预算，从而改变社会中的劳动分配。当社会中某些方面缺乏劳动或物资时，依靠金钱就可以改变其分配，从而解决问题。

然而，当整个社会都缺乏劳动或物资时，金钱解决不了问题。比如江户时代反复出现的大饥荒，当时全国的大米都不够用，导致饿殍遍野。此时无论政府怎样分配金钱都无法解决问题。

养老问题或政府债务问题等皆属于具有社会普遍性的问题。这些问题都不是光靠分配就能解决得了的。金钱无法解决具有社会普遍性的问题。但是，我们往往会产生一种错觉，那就是社会性的问题也可依靠金钱解决。

这一定是我们误会了什么。也许我们不得不寻找一些不靠钱的方法；或许整个问题的根源在其他方面；又或许这里根本不存在什么问题。

这些问题如此复杂的主要原因是，我们常常以金钱为中心来思考经济。如果以人为中心，整个问题就会变得简单而直观。因为在这个角度只需要考虑"谁在劳动，谁会幸福"这一个问题。

另一个棘手的问题是，社会不等于国家。我们所生活的社会不只包括日本这一个国家。如果是江户时代那样的锁国状态，那么社会或许还可以等同于国家。但生活在现代的我们需要和其他国家相互依赖、互帮互助。我们的社会范围已经拓展到整个地球。

也就是说，虽然全社会的钱包不分内外，但国家的钱包还是分内外的。

既然如此，那么首先让我们来思考一下日本这个国家的钱包吧。比方说，我们和其他国家的贸易代表着什么呢？在这个问题的基础上，我们将继续探讨政府债务或养老保险相关的问题。

第 8 章

贸易顺差也没法充实我们的生活吗

有时候，外国人会指责我们靠贸易捞钱。可赚钱有什么错吗？

其实，只要让我们坚持以人为中心的视角，对贸易的看法也会大有改观。

现在让我们先对国家的钱包问题留个印象，再来思考攒钱的意义吧。

日本通过与美国的贸易每年能挣几万亿日元。请问这种贸易往来可以让哪国人民的生活变得更富裕?

A 美国。

B 日本。

C 两国都可以获得同样的利益。

答案

通过贸易赚钱有错吗

白宫前，几个美国国会议员正挥舞着铁锤。紧接着，铁锤落下，毫不留情地砸烂了日本的收音机。这一疯狂的举动本应引起众人的惊叫，可迎来的却是一片欢呼的浪潮。

这是于1987年发生在美国的"抵制日货"浪潮中，由几名议员炒作的噱头。当时美国的失业率激增，人们将愤怒的矛头指向了日本。

20世纪60年代到70年代的日本正处于高速增长期，国家渐渐从战争中恢复，并很快提高了生产力。日本的GDP一路飙升至世界第二，仅次于美国。日本从20世纪

70 年代末开始陆续向海外出口收音机、电视机和汽车等
工业产品。从那时起，日本对外的贸易顺差（日本的出口
总额减去进口总额）开始不断扩大。

到了 1987 年，日本的贸易顺差超过了 10 万亿日元，
其中大部分是与美国的贸易顺差（对于美国来说则是贸易
逆差）。其结果就是，美国的家电和汽车产品的市场遭受
挤压，国内出现了严重的失业现象。当时的情况是，美
国向日本施压，要求"多进口美国的商品"，迫使日本增
加了牛肉和橙子的进口。

"日本靠贸易顺差赚了那么多钱，生活应该变富裕了。
可是美国人的生活因为收入下降而变得更困难。我们不
能容忍这种不公平。日本也应该购买美国的商品。"

表面上美国是这么主张的。实际上，日本的贸易顺
差越多，实际受益的却是美国。

贸易顺差的意思是"替外国人打工"

美国从日本大量进口工业品，意思就是美国从国外买
东西到国内。那么，"从国外买东西"到底是什么意思呢？

为了解答这个问题，让我们先复习一遍经济指南针吧。

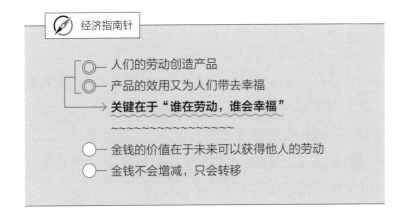

这里我们还是借用一下第 1 章里的家庭通货马克的例子，并假设你是四兄弟中的老大。

你听说隔壁邻居造了一台性能不错的电视机。你看了之后特别眼红，于是你就跑去问邻居能不能给你一台。

"我什么都愿意做，请给我一台电视机吧！"

你本想用自己的劳动换来一台电视机，结果没想到邻居很爽快地答应道："好啊。给我 100 马克就行了。"参见图 8-1。

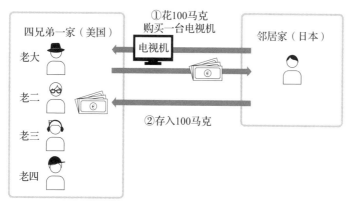

图 8-1　金钱在贸易中的流动

　　马克这种货币只在你家内部流通，但是没想到，这些马克到账之后，邻居真就把电视机让给你了。不仅如此，他还说了这样一番话："由于马克只能在你家流通，所以我就存到你家了。"

　　然后，他将 100 马克交给了承担银行职能的老二。

　　如果此时的老二再把 100 马克贷给老三，那么老三也可以买电视机，并且老三购买电视机的钱还会再交给老二。

　　就这样，你们家根本不需要为了买台电视机而流一滴汗。流汗的是生产电视机的邻居。此外，他还把卖电视机的钱借给了你们的银行，所以这些钱也没有从你家流出去，以后你们还可以继续花你们的马克。

所以说，如果我们只从钱的角度出发，就会觉得邻居家存的马克越来越多，感觉好像是他们一直在赚钱。然而，只要让我们想一想"谁在劳动，谁会幸福"，这个例子的结论会立刻改变。是邻居家的人一直在工作，而你们家的生活却过得越来越好。

唯独老四可能会抱怨道："都怪这个邻居，我的兄弟们再也不买我做的电视机了！"

这就相当于美国失业人数的上升。毫无疑问，老四确实会暂时失去工作。不过，就算电视机销路不佳，老四还可以生产别的东西。之前生产电视机的精力可以用来开发电脑。只要造得出电脑，你家的生活还能变得更加舒适。

你们家的视角就相当于美国人的视角，你们和美国人一样存在贸易逆差。由此可见，美国对日本的怒气是站不住脚的。

那么，从日本的角度来看会怎样呢？

由于向美国出口工业制品，日本可以获得大量美元。

不过，要想让日本人的生活更加富裕，就需要支付美元购买美国人的劳动。但是我们没有花这些美元，反而存了起来。日本出现巨额的贸易顺差，意味着日本的进口远远少于出口。换言之，我们没能让美国人替我们干多少活。

综上所述，现在生活质量得以提高的不是日本人，而是美国人。所以正确答案是 A。

好在只要日本能把贸易顺差攒下来的外汇花出去，未来就可以让美国人来打工。这是因为，所谓的贸易顺差并不是丰富当下生活的工具，而是为未来准备的"劳动债权"。

准确点说应该是"劳动与资源债权"。并且我们需要警惕，对外贸易并不完全是公平公正的。有时，小国的劳动会被贱卖，而资源大国却能依靠不正当手段赚取远大于劳动付出的利益。

国家钱包里的"劳动借贷"

之前我讲过，由于社会钱包不分内外，所以金钱不会凭空增加。但是对于生活在国际社会当中的我们来说，社会并不完全等同于国家。由于"国家钱包"只包括一个国家，所以还是会存在边界。

我们每天辛苦上班，目的就是赚国门之外的美元。当未来遇到困难时，我们就可以让他们来帮我们工作。

这些美元会被存进美国的银行里。有人可能会问，为什么不带回日本呢？就算现在用不着，与其借给美国的银行，还不如兑换成日元，借给日本的银行。

不过货币的兑换可不容易。你去银行能把美元兑换成日元，是因为有其他人会拿着日元兑换美元。

我举个例子。假如美国有一个主要向日本出售小麦、以日元结账的农民。他们收到日元也花不出去，所以必须将日元兑换为美元。但问题是，日本的车企持有的美元要远远多于美国的农民持有的日元。所以日本很难将出口赚来的美元全部兑换成日元。参见图 8-2。

正因如此，日企在对外贸易中赚到钱后，会将大量的美元直接存到美国的银行里。还有一些企业会直接用美元支付。

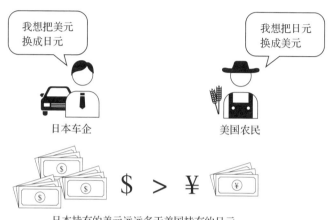

图 8-2　不是所有的外汇都可以兑换

　　并不是说所有外汇都可以充当这种"劳动债权"。如果这个国家的政治不稳定，或者没有足够的劳动力，那么就无法确保未来他们可以给我们打工。谁都希望自己手里的外汇属于一个稳定安泰的国家。而美国就是一个背靠强大的军事力量，可以稳定保持长期优势，并且劳动力丰富的大国。

　　美国的进口远远大于出口，2020 年一年的贸易逆差换算成日元超过了 70 万亿。所以不光是日本，很多国家都在为美国打工，制造"劳动债权"。而到今天为止，日本已经创造了比其他国家都要多的"劳动债权"。

日本的钱包里有什么

如图 8-3 所示，直至今日，日本为美国等许多国家提供劳动，积累的贸易顺差已达到 240 万亿日元（截至 2019 年）。

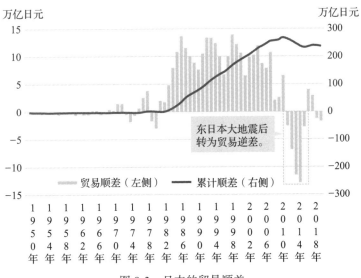

图 8-3 日本的贸易顺差

资料来源：财务省贸易统计。

这些钱不只是躺在美国的银行账户里，还包括一些其他形式的资产。比如美国的国债、股票以及房地产。

日本金融机构以及企业持有的美国国债换算成日元可达 126 万亿日元（2019 年末），每年有几万亿日元的利息。

我们通过以上这些理财手段，使得日本（政府、企业、个人）在国外持有的净资产达到了 364 万亿日元（2019 年末）。这个金额比世界上其他国家都要多，相当于"国家钱包"中的存款。

不过，此时此刻的你会不会在思考这样一个问题。

"这 364 万亿日元又不是我的钱。那是政府或企业的钱，跟我没关系。"

这么想可就大错特错了。其实在一些意想不到的地方，我们无时无刻不在享受着这笔钱带来的馈赠。比方说，我们平时可以方便地去国外旅游、买国外的东西。但我们之所以能轻松地在银行兑换外汇，是因为有人会将手里的外汇兑换成日元。因为日本的企业正在为外国生产产品，积累了大量的外汇，所以我们可以让这些企业让出一些外汇。

想要将手里的外汇兑换成日元的人还有很多。比如那些来日本旅游的外国人，或是购买日本产品的外国人。

而这些人能够遍布全球，也是因为日本的服务和产品品质优良，使得日本的劳动积累了极高的信用。多亏了这些外汇和信用的积累，日本国内那些没有给外国劳动过的人也能轻松获取外汇这样的"劳动债权"。

如果日本不存在这些积累，那么我们就无法获取外国产品，也不能去海外旅行。正是由于我们事先为外国人打工，赚足了外汇才实现了这一点。

此外，"劳动债权"还可以让我们在困难时期得到外国的帮助。2011 年的东日本大地震在日本东北部及其周边地区造成灾难性破坏。许多生产设备因损坏而无法使用，导致日本国内的生产力大幅下降。此外，交通基础设施和建筑物的重建工作还需耗费大量劳动力。

尽管如此，日本也没有出现物资短缺的现象。关键就在于我们可以加大进口量，从而依靠外国的劳动力（虽然灾区也发生过暂时性的物资短缺，但这主要与交通中断有关）。

虽然灾后的日本出现过一年 10 万亿日元以上的大幅贸易逆差，但我们的经济并没有陷入混乱。幸亏我们在过去积累了许多"劳动债权"，如今才得以渡过难关。通过维持大量的"劳动债权"，现在的我们才能在上一代人的帮助下生存下来。

那么反过来，"劳动债务"又是什么呢?

"劳动债务"会折磨下一代人

日本支付手里的美元，就是向美国借用劳动力。这些美元对于日本来说属于"劳动债权"，但是对于美国来说则是"劳动债务"。

我们借用外国的劳动力时支付的本国货币量被称为"劳动债务"。这笔债务可能会因存款利息或理财等因素的影响而增加。

日本的"劳动债务"指外国持有的日元总额。日本需要的外国劳动力越多，向外国支付的日元就越多，国家的"劳动债务"就会增加。

未来如果外国动用这些日元，那么日本国内的一部分人就必须为外国提供劳动。也就是说，"劳动债务"是留给下一代人的负担。四兄弟一家不劳动却能得到电视，就是因为他们对邻居制造了"劳动债务"。假如某一天邻居使用了自己存在银行里的马克，四兄弟就不得不靠自己的劳动还给人家。

一方面，日本这个国家的钱包中储存着各种国家的外汇，积累了大量"劳动债权"。另一方面，外国持有的日元也积累了"劳动债务"。可见国家这种"钱包"非常严谨。

如果仅仅是个人的钱包，家里缺钱的时候还能得到别人的帮助，比如免税、政府救济金等。然而，国家的钱包就没有那么容易了。当遇到困难时，没有人会帮助你。而且，不同于个人的钱包，国家财政是不能放弃继承的。如果外国人花了日元，我们的下一代人就必须老老实实地给人家打工来偿还债务。"跟我们这一代人没关系"等的借口是行不通的。

此前的贸易顺差走势图反映的是"劳动债权"与"劳动债务"的差额。不可否认的是，目前日本为下一代人留下来的"劳动债权"远远超过了"劳动债务"。

但这并不意味着我们可以挥霍"劳动债权"。若将"劳动债权"挥霍殆尽，如果将来日本真的陷入困境，到时候就得不到外国的帮助。国家之间的劳动借贷是通过贸易进行的。如果不能有效调动国内的劳动力，那么下一代人终将受到牵连。

浪费劳动会亡国灭种

基于上述有关贸易的探讨，我们总结一下关于经济效果的几个结论吧。

首先，我们提到，新纸币的发行将产生 1.6 万亿日元的经济效果，制造 1.6 万亿日元的 GDP 增加。但这些成就也不过是金钱的正常流动，其总量并没有改变。

其次，虽然全社会的金钱总量并没有改变，但贸易会使得金钱流向国外。每当我们从国外进口印钞机，以及生产 ATM 所需的材料、燃料、零部件时，国内的日元货币就会源源不断地流向外国的钱包里。这将造就数千亿日元的"劳动债务"，而我们的后代不得不靠自己的双手去偿还。因此我们在进行经济活动时，需要时刻思考

"多少劳动可以带来多少幸福"的问题。

最后，增加"劳动债务"会导致未来替外国打工的人增加，替本国工作的人减少。这会使得我们的生活变得更加艰苦。

这种现象在世界上屡见不鲜。

接下来，让我们从过去的历史中寻找答案吧。

第 9 章

为什么印太多钞票会导致物价上涨

印太多钞票会导致物价迅速上涨。

这是一种被称为恶性通货膨胀的现象。

到今天为止，世界上已发生过多次恶性通货膨胀，每一次都会让当地居民的生活陷入困境。

恶性通货膨胀会严重影响当地生活水平的根本原因是什么?

A 货币贬值。

B 社会混乱。

C 劳动力不足。

答案

4000 亿马克的面包

一位女士抱着沉甸甸的布袋子走进面包店。袋子里面装着满满当当的钞票，似乎快要从敞开的口子溢出来了，但是即便如此也没有一个人回头看她一眼。在当时这个国家，这种景象已经吸引不了众人的眼球了。

这就是 1923 年的德国。由于政府大量发行纸币，导致纸币变得一文不值。所有物资的价格都在飞涨，使得城市中充满了各种魔幻景象。去超市购物的人们用手推车推着大量的钞票；孩子们用一捆一捆的钞票搭积木。刚才那位女士一身轻松地走出面包店，满满一袋子的钞票也仅仅换了两个面包。

1923 年 1 月在德国，面包的价格为 250 马克，到了同年 2 月就飙升到了 4000 亿马克。如果将危机前后的物价变动全部算上，则物价总体上涨了一万亿倍。纸币的价值下降到了原先的一万亿分之一，政府甚至不得不发行了面额为 100 万亿的纸币。全国因此陷入物资短缺，人们被迫过着艰苦的生活。

德国的例子告诉我们，当政府大量发行纸币或国债，欠下大规模债务时，就会导致纸币价值急剧下跌，引发恶性通货膨胀。

而现在的日本国债发行量也在增加，目前已轻松超过了 1000 万亿日元。

所以有时我们会听到专家说："如果再这样下去，日本也会像二战结束后一样发生恶性通胀。到时候人们将无法购买食物等必要物资，每个人的生活都会陷入困境。"

这话说得没错，日本政府在第二次世界大战（简称"二战"）后也的确发行了大量的国债。使得二战后的 5 年里，物价飙涨了 8 倍，普通老百姓甚至连生活必需品都买不到。

看到这里你可能会想，专家说的"有道理"。但再仔细想想又会发现这件事情有蹊跷。无论货币贬值了多少，只要还有人在劳动，生产就可以继续下去。所以物资短缺的出现肯定还有什么其他原因。

物资短缺的原因很简单

我反复强调，生产的主体不是钱，而是劳动者。只有自然资源与劳动的结合才是生产，这是亘古不变的重要原则。

基于这一点，关于物资短缺的原因，我们能想到的有 4 点。

①自然资源不足。
②劳动力不足。
③某些因素在阻碍生产。
④有一部分人在垄断物资。

江户时代的日本经常会因为自然灾害或凶年饥岁，

导致大米等农作物急剧减产，从而爆发饥荒。每次出现饥荒时，食物价格都会飙升（并不是所有物价都会上涨）。这就是原因①所导致的物资短缺。其结果就是食物价格的暴涨。

昭和时代曾发生过2次石油危机，人们出于对石油这种自然资源短缺的担忧而大量囤积日用百货，造成物价的飞升。零售商见状也开始惜售自己的商品，期待物价的进一步上涨，最终导致日本陷入物资短缺。当时有大量的买家和卖家，出于对物价上涨的预期而囤积了超出需求的物资。也就是说，当时同时出现了①和④的情况。

此外，战争中也非常容易出现物资短缺。由于部分劳动力被动员到战场上充当战斗人员，或是被投入军备物资的生产当中，导致生产生活必需品的劳动力减少。另外，敌对国家的攻击会破坏国内的工厂设施，生产力会进一步下降。这相当于②和③的情况。

那么像1923年的德国以及二战后的日本那样，政府大量增加纸币或借债的现象应该属于①和④哪种情况呢？是因为物价上涨导致经济陷入混乱，所以物资才会短缺的吗？但是这种情况看上去也与③类似。

然而，出现这种现象的根本原因其实是②。当政府增加货币量时，民众的劳动会在不知不觉中被剥夺。为了理解这一点，让我们继续回看历史，仔细看看德国和日本的情况吧。

慷慨大方的德国人徒增"劳动债务"

要想了解 1923 年德国的情况，就得回溯到 4 年前。第一次世界大战中战败的德国，在 1919 年的《凡尔赛和约》中被迫每年向英法美等战胜国支付巨额战争赔款。随后在赔款的支付方式上又展开多次交涉，最终确定以外汇的形式支付赔款。

然而，筋疲力尽的德国已经几乎没有赚外汇的能力了。德国因战争中的大量伤亡而生产力锐减，并且德国每年开采出来的煤矿还需要无偿提供给战胜国。

于是德国政府选择大量发行纸币，购买外汇去支付战争赔款。可能有人会觉得，印钱这种解决方式轻松省事，但这和第 8 章中提到的进口的例子是一样的道理。为了"进口"外汇，德国将印刷出来的本国货币源源不断地送给外国人。也就是说，慷慨大方的德国人给自己制造了大量的"劳动债务"。

要是外国人将这些德国纸币保存在金库里不动，这个故事到这里就结束了。但要是外国人大量使用这些纸币，就会在无形中剥夺德国的劳动力。于是德国人只能给外国人打工，为了外国而生产。如此一来，德国国内的物资短缺就成为必然的结果。

到了1923年1月，德国的鲁尔地区被法国和比利时占领。这里能生产出德国全国7成以上的煤、8成以上的钢，是德国的心脏地带。这次事件彻底引发了德国的物资短缺。雪上加霜的是，德国政府呼吁鲁尔地区的大量工人罢工，并向响应政府号召的工人支付工资。德国政府此次耗费的资金也是本次物资短缺的原因之一。

如果这些工人继续领着法国人的工资在煤矿工作，那么他们就可以依靠法国纸币维持生计。但如果他们领了德国政府的钱，参加了罢工，就必须依靠德国的纸币支撑生活开支。换句话说，他们需要依赖其他德国人的支撑才能生活下去。

这样看来，德国陷入物资短缺的原因并不是货币总量的增加，问题出在这些货币的用途上。由于德国政府在购买外汇和支付罢工工人的薪水上耗费了大量资金，等于将国内的劳动剥夺了。

再加上战争的破坏以及工业地带被外国占领，德国无法充分调动国内的劳动力，最终加剧了物资的紧缺。所以如果我们只把目光放在货币总量的增加上，就很难注意到这一点。

而在二战后的日本也出现了相同的情况。

为了剥夺劳动而增加的金钱

1945 年 8 月 15 日，日本迎来了战败。恢复和平后的日本面临的是严重的物资短缺。

第二次世界大战时日本人口约为 7000 万人，其中有 200 万到 300 万人在战争中死亡，绝大部分是年轻力壮的青年人。并且日本的各大城市还在空袭中遭受毁灭性打击，大量楼房和工厂被烧毁。所以当时的日本既没有足够的劳动力，也缺乏生产设备。

此外，日本国内的工厂设施被荷兰等国搬走，充作战争赔偿。战争的创伤使得日本的生产力显著下降。

1945 年日本国内的农产品生产量仅为 10 年前的 6 成左右。另外，矿业产量也下降到 10 年前的 1/4。

因此，当时的日本和上文提到的德国一样，政府消耗大量资金，这些资金又反过来不断剥夺国内的劳动。一年后的 1946 年，该年的国家预算中有 1/3 还被支付给占领日本的盟军，充当战后处理费。

问题不在于钱，而是出在劳动的身上。如此庞大的资金被盟军消耗，也就意味着国内大量的劳动被他们拿去了。实际上，为了协助盟军的工作和生活，当时有许多人被调去建设盟军的军营和宿舍，或者进行物资调配。

在二战后国内生产力大幅下降的前提下再被削掉一部分劳动力，物资短缺就不可避免。不管货币总量有没有增加，食物等刚需品一旦出现紧缺，价格就会无限制地上涨。人们会竭尽全力地花钱买物资，接受自己能力

范围内的一切价格，因此价格暴涨是必然的结果。[⊖]新冠
疫情时口罩价格的高涨也是同样的逻辑。

　　如果想要避免恶性通货膨胀，办法也不是没有。那
就是像战时那样严格控制国内的生产活动，进行物价管
制，恢复物资配给制。[⊜]不要把钱直接交给盟军，而是
直接上交物资，或者直接向他们派遣盟军需要的劳动力。
这样一来，政府就不需要发行国债，物价也不会飙升。
但即便这么做了，生产力不足这一根本问题没有得到解
决，也无法从根本上缓解物资短缺的问题。

金钱能做的只有"改变生活困难的人"

　　在上文所提到的例子中，德国和日本都在恶性通货

⊖　在二战后的 5 年里，物价（综合批发物价指数）上涨了 85 倍。虽然
　　国债发行额也在增加，但涨幅仅有 3.6 倍。

⊜　战时的日本动员了约 700 万人奔赴前线，且在《国家总动员法》的
　　规定下，兵器、弹药以及支援装备等军需物资被优先生产。这当然会
　　导致生活必需物资陷入短缺。另外，当时实施的物价管制禁止人们高
　　价买卖商品，人们只能通过配给得到少量生活必需品。其结果就是，
　　战时的物价只出现了微幅上涨，1940 ～ 1945 年，5 年内物价（综合
　　批发物价指数）仅上涨到 1.6 倍。此外，同一时期的国债发行额膨胀
　　到 4.7 倍。

膨胀爆发前就已经遇到了生产力下降的问题。政府受制于孱弱的生产力，只能一味地印钱，其结果就是恶性通货膨胀。

单凭发行国债和印刷纸币来增加金钱，是没法填补劳动力的空白的。当增加出来的这部分钱被花出去，剩余的劳动力反而要再次遭受剥夺。原本就不够用的劳动力被用在生产关键物资以外的地方，结果只会火上浇油。

金钱能做的只有分配劳动和物资。无论你增加了多少钱，劳动力不足和物资短缺这两大问题一个也解决不了。

我们目前面临的养老问题也与劳动力不足、物资短缺有关。根本原因就在于，老年人口的增加使得在职人员占总人口的比例正在下降。一旦在职人员减少，生产力也会随之下降。然后就会出现得不到必要的物资，生活陷入窘境的人。

让我们来假设老年人口领取的养老金出现缺口会发生什么。因为老年人的钱不够，所以他们就无法购买生活必需品，生活便会陷入窘境。那么在这种情况下，政府出钱是否可以改善这种局面呢？遗憾的是，政府能做的只有"挽救生活困难的人"。

假设我们对在职人员课以重税，支付足够的养老金给老年人。这样一来，虽然老年人的生活得到满足，但在职人员的日子却过不下去了。困难只是转移到了在职人员头上而已。

那如果通过发行国债等方式，让在职人员和老年人都能得到足够的钱呢？即便如此，国家宏观上的物资短缺仍然没有得到解决。钱确实增加了，但物资并没有生产出来。这样做只会导致价格上涨，最后每个人都无法获得足够的物资，所有人都会遭殃。

如果我们等到国家整体的生产力下降时才意识到这个问题，那么养老问题似乎无法解决。所以为了改变未来，我们必须思考我们现在可以做的事情。

在此之前我们还需要重新思考一个问题，那就是政府的借债。

刚才提到的德国政府和日本政府都发行了国债，但我们已经明白，这种做法并不能增加劳动力。但是我们可以这样想："只要政府发行国债，就可以把压力留给下一代人。"

这么说，我们的后代就摆脱不了靠劳动偿还债务的命运了吗？

第 10 章

为什么有些国家到处借钱也不会破产

我们都知道，普通家庭要是借了太多钱，迟早有一天会破产。

但现在的日本政府借了超过 1000 万亿日元却还没有破产。

这也不算什么稀罕事。如果你感到不可思议，就说明你误解了
"政府借债"的含义。

日本政府增加借债的行为会妨碍下一代人吗?

A 当然会。

B 取决于政府用这笔钱做了什么。

C 取决于这笔钱让谁提供了劳动。

答案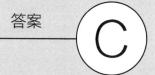

不能让"未来的人替你打工"

2020 年的新冠疫情令我们的生活发生了翻天覆地的变化。虽然远程办公的普及使得我们可以线上工作，但毕竟世界上没有时光机能让未来的人替我们工作。

既然这样，为什么会有人认为"政府借债就意味着未来的人替我们打工"呢？

2020 年日本政府预算为 128 万亿日元。具体如图 10-1 所示。

公共预算收入（日本政府的收入）表示了政府筹集约 128 万亿日元资金的方式。我们可以看到，政府通过税收（印花税以及其他税款收入）获得的收入约为 64 万亿日元，另有约 58 万亿日元通过借债（公共债券）来弥补。

公共预算支出（日本政府的支出）表示这些资金被用于什么地方。其中大部分用于服务公民的日常生活，但还有约 24 万亿日元用于偿还债务（国债）。这笔钱中有约 15 万亿日元用于偿还本金（债务偿还费），其余则用于支付利息。

也就是说，政府在偿还约 15 万亿日元的债务的同时，还要借入 58 万亿日元。在短短的一年内，政府债务就增加了 43 万亿日元。

虽然 2020 年受到新冠疫情这一突发情况的影响，但政府还是会每年增加约 30 万亿日元的债务，其总额已超过 1000 万亿日元。

看到这种情况，很多人会担心："政府每年都要发行国债来维持开支，把国债当百宝箱一样。每年转嫁给下一代人的债务越来越多。这该怎么办？"社会上的这种声音很大，似乎说明这是一个非常严重的问题。

不过，你不觉得这种说法有问题吗？

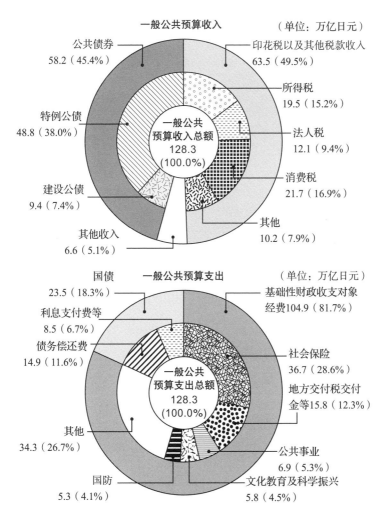

图 10-1　2020 年日本政府的财政收入与支出

注：图中数据因四舍五入与实际略有出入。

资料来源：节选自财务省官网主页"令和 2 年一般预算补充后公共预算
收支统计"。

我们的下一代真的要靠劳动偿还我们强加给他们的债务吗？可是世界上也没有能把未来的人带到现在的时光机啊？

出现这样的疑问，是因为我们忽略了一个问题。那就是，政府债务到底是什么？

对冲基金也曾挑战过的"政府债务之谜"

日本明明背负着巨额债务，却为什么没有破产呢？

我遇到本书开头提到的"政府债务之谜"是在2010年。当时的希腊政府由于债台高筑险些破产，希腊国债大幅下跌。这就是让欧洲金融市场陷入一片混乱的"希腊债务危机"。

作为高盛公司中负责日本国债交易的人，当时我每天都会收到多个海外对冲基金的交易咨询。

他们普遍认为："日本背负着巨额债务，不可能不破产。希腊之后就该轮到日本了。"于是，他们试图做空日本国债，大赚一笔。

电视上的专家也发出警告："再这样下去，用不了几年银行就撑不住日本的国债了（即银行没有足够的资金借给政府）。日本马上就要破产了。"

这在当时的高盛也成了一个大问题。日本国债马上就要成废纸了，再这样交易下去真的没问题吗？

我最终得出的结论是："日本不会破产，国债不会暴跌。"实际上，暴跌也的确并未发生，大多数对冲基金都在遭受了巨大损失后铩羽而归。

那时，我深入思考关于"钱"和"债务"的问题，这个问题也是本书的起点。例如第 5 章提到的，正因存款和债务是同一事物的两面，所以即便过去了 10 年也没有发生专家警告的那种政府借不到钱的情况。

一旦涉及金融或经济问题，话题往往会变得太专业，但任何问题的本质都很简单。为了解开"政府债务之谜"，我想到的方法也非常简单。就是那句在本书中被多次提及的话。

"付出劳动的是谁？"

政府预算分配的不是钱而是劳动

此前的图 10-1 只体现了钱的来源，很容易让人们误以为只要有了预算，想要什么就能有什么。但正如我们一直强调的那样，劳动的主体不是钱，而是那些隐藏在金钱背后的"人"。

当我在创作本书时，新冠疫情还在肆虐，但原理依然不变。医院无法容纳更多的患者，并不是因为政府的预算不够。哪怕预算够了，如果无法确保有足够的医疗人员，医疗服务也一定会停滞。

我们现在能得到如此丰富的物资和服务，并不是因为预算的增加，也不是因为借债导致未来负担的增加，而是因为当下的劳动增加了。即使我们自己的劳动没有变，这个世界上某些人的劳动也一定加重了。

类似补贴金这种政府发放的钱也是一样的。这些补贴金能买到东西，归根到底还是因为人的劳动生产了这些东西。

换言之，政府预算的分配反映了劳动的分配。分配的预算越多，投入的劳动就会越多。

国家政府在战时大幅增加军事预算，导致我们的生活变得比和平时期更艰难，原因就在于军事活动夺去了大量的劳动力。倘若我们只盯着钱看的话就意识不到这一点。

政府运用资金，就说明一定有人拿了这笔资金在干活。我们的生活可以变得更加富裕，是因为他们的劳动产生了效用。所以我们可不能偷这个懒，把国债当作想变什么就变什么的"百宝箱"。

虽然现在还不需要让未来的人替我们劳动，但政府的债务依然在积累，总有一天要偿还。不过不必担心，因为我们的下一代不靠劳动也能还清债务。

唯有收获，才需回报

耗资1500亿日元重建一座新国立竞技场。你可能会觉得这么做有些对不起下一代人，既然这个费用是政府贷款支付的，那就说明这将成为下一代人的负担。此时，专家会站出来解释道："虽然我们借了1500亿日元，但我们也换来了价值 1500 亿日元的国立竞技场，所以完全没有问题。如果有必要，我们随时都可以出售国立竞技场来偿还债务。毕竟竞技场本身可以产生 1500 亿日元的经济效果，还能增加就业。所以为了促进经济发展，国立竞技场的建设是必要的。"

这个解释似乎有些含糊不清。如果这个逻辑没问题，那么无论他们建什么都能说成对的。因为国立竞技场的价值可能在 20 年后就会下降到约 500 亿日元，甚至根本卖不出去。到时候我们就需要额外追加 1500 亿日元的税收来偿还债务。我们的后代肯定会不高兴，还会恨现在的我们。

跟这种专家讨论也没什么意义。更确切地说，我们无法进行本质上的讨论，因为他们一直在把金钱视作经济的中心。

还是那句话，最重要的问题是"谁在劳动，谁会幸福"。

如果以人为中心重新审视经济，我们的看法将会大有不同。

政府虽然借债 1500 亿日元，但也只是在不同的人的钱包之间进进出出，所有和工程有关的企业和工人都能拿到这笔钱。而且不仅仅是承包商和外包公司的员工，别忘了工地上发的盒饭用的是农民种出来的稻米，种这些粮食的农民也能拿到一份钱。但是光靠钱可没法建造这座竞技场，只有工程相关人员的劳动才可以。并且国立竞技场的价值不在于这 1500 亿日元，而是在于我们从国立竞技场可获得的效用。

那么，等到了未来会发生什么呢？当然，政府这 1500 亿日元的债务将由未来的民众继承。[○]同时，这 1500 亿日元的存款也会继承下来。

每当工程相关人员使用这 1500 亿日元现金时，虽然钱会从一个人的钱包转移到另一个人的钱包，但它永远不会消失。就算钱包的所有者不幸去世了，钱也会被他的子女亲属继承。政府的债务也和这一点有些类似，政府用过的钱也会被未来的人们继承。

○ 虽然 1500 亿日元的借债有利息，但这些利息也不过是从一个钱包转移到另一个钱包。

哪怕国立竞技场经历了 20 年的风风雨雨，它仍然可以被使用。这也就说明竞技场还有效用，未来的人们不需要额外劳动也可以继续享受这部分效用。⊖这就是上一代人的"功劳"，让下一代人受益。参见图 10-2 及图 10-3。

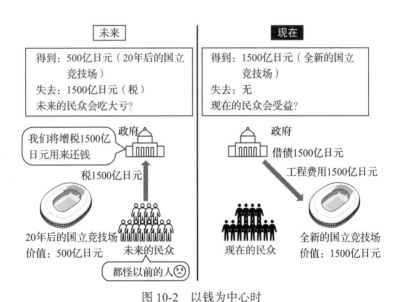

图 10-2　以钱为中心时

⊖　实际上这里还需要维持管理的劳动，但本案例中只考虑建设所需的劳动成本。

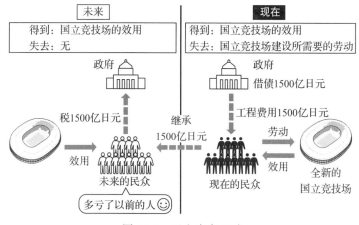

图 10-3   以人为中心时

债台高筑的家庭最终会破产，但是目前日本政府的债务已经超过了 1000 万亿日元，却还没有破产。考虑到"谁在工作"这个问题，就会明白这并不奇怪。

对于家庭的债务来说，借来的钱在家门外用于购买别人的劳动。既然靠这种方式得到了其他人的劳动，就迟早要靠自己的劳动来还。这是人间常理。

而对于日本政府的债务来说，只要那些拿钱办事的人都在国内，政府就不必还债。因为这只是钱在国内大大小小的钱包之间不断流动罢了。

贫富差距不在于代际之间，而是在"同一代人"中

　　日本的"国家钱包"包括三大钱包，分别是"政府的钱包""个人的钱包"以及"企业的钱包"。个人的钱包中又包含着每一位百姓的钱包，而企业的钱包里则包含着每一个国内企业的钱包。参见图 10-4。

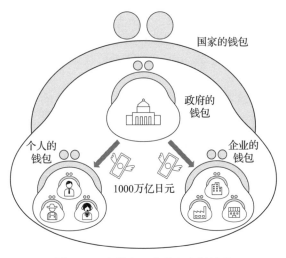

图 10-4　金钱在三个钱包之间转移

　　所有花出去的钱并没有消失，只是转移到了其他地方。所以政府借的 1000 万亿日元也只是转移到了个人和企业的钱包里面。

公务员、医生、护士、建设新国立竞技场的工人等，他们为社会上的所有人提供劳动，从政府那里获取报酬后，再用这笔钱维持衣食住行。政府花掉自己借来的钱，这些钱会兜兜转转，最后统统落入大家的钱包。

政府借了多少钱，个人和企业的钱包里就会多出多少钱。无论时间过去多久，这笔钱总会存在于某个角落，并由某些人继承。只要政府想还债，随时都可以从个人和企业那里征税，凑齐这 1000 万亿日元的资金。

可能你会想："政府为了还过去的债，从现在的人手里征税，这太粗暴了。"但是正如第 5 章提到的银行金库的例子一样，个人或企业储蓄的存款与政府债务是同一事物的两面。这些存款也会从过去继承到未来。

所以，有些人将个人存款的继承视作理所当然的权利，可一提到政府债务却又置身于外，并仇恨上一代人。这种想法实在有些逻辑不通。如果政府不去借钱而是直接征税，那么个人和企业的存款中的一大部分会消失。

反过来说，只要政府不还钱，大家手里的钱就不会减少。因为我们花再多的钱，资金也不过是在个人或企业的钱包之间来回转移。要知道，我们消耗的不是金钱而是劳动。

无论世事如何变迁，政府、个人和企业这三个钱包中的总金额不会改变。即使债务增加了，存款的金额也会等额增加。所以，代际的贫富差距并不存在。[⊖]

这么说你可能还不信服。1000 万亿日元的债务除以日本人口的 1.2 亿人，平均每人 800 多万日元。你可能会想普通人哪来这么多的存款，也没多少人能继承这么多财富。实际上，这种贫富差距的确存在，但也仅仅存在于同一代的人之间。

政府花出去的钱并不是平均分配给每个人的，而每个人的工作量也不是均等的。况且上一代人留下来的财产也不一样，这些因素都会导致各种贫富差距。

然而贫富差距未必全都是坏事。很多人都依靠自己的双手辛勤劳作，攒下了足够的财产。如果说社会的财

⊖　这里的"代际"指生活在不同时代的人。比方说将所有生活在 1990 年的人和所有生活在 2020 年的人放在一起比较，两者之间不存在贫富差距。并不是说"现在的 00 后和 60 后之间没有贫富差距"。

富分配出了什么问题，那就是有人靠政府用的钱在做一些不法勾当。另外也有人认为，同一代人中产生的贫富差距会通过代际继承遗留给下一代人。

关于贫富差距的问题还有很大的讨论空间，但我们至少可以认为"代际的贫富差距"是不存在的。

不过我们还是留下了一个问题。如果说存款与债务会一并遗留给下一代人，那么为什么还会有国家因为欠债而破产呢？

这个问题不算难，因为"不劳动的国家"才会破产。

会破产的不是"欠了钱的国家"，而是"不劳动的国家"

综上所述，我们可以得出这样的结论："就整个社会而言，当政府增加债务时，就意味着某些人增加了同等金额的存款。" 如果将社会视为国家，政府便可以向公民征税从而偿还债务，因此国家不会破产。然而，我们所处的社会是国际社会，社会并不完全等同于国家。

当我们思考一个国家的财政问题时，只需要考虑该国国内的情况。由于从国境线以外借来的劳动都必须偿还，所以当这种负担过重时，国家才会破产。

例如我们多次提及的新国立竞技场，这项工程耗费的 1500 亿日元中有一部分也流向了外国的工人。比如从澳大利亚进口铁矿石，就需要给澳大利亚挖铁矿石的矿工们付钱。

用于购买铁矿石的资金将会离开国家的钱包。按照第 8 章关于贸易的结论，这将导致我们在海外制造"劳动债务"。[⊖]

如果只从海外购买那些国内难以获取的原材料的话，国家就可以将"劳动债务"控制到最低。但如果我们嫌麻烦，将所有工程都包给外国承包商，那么不管这 1500 亿日元是来自征税还是国债，全都会从国家的钱包中流失，并在海外制造大量的"劳动债务"。

这种做法的代表便是签署了《凡尔赛和约》的德国。

⊖　外汇交易中也存在"劳动借贷"。假设澳大利亚的铁矿石公司在外汇交易中出售日元、购买澳大利亚元，且此时的交易对象是日本的企业，那么日本就可以收回这些在海外流通的日元，但同时自身作为"劳动债权"而持有的澳大利亚元也会减少。

当时德国国内通货大规模流失，为德国制造了大量的"劳动债务"。这引发了恶性通货膨胀，德国国内因物资短缺而陷入一片混乱。可见，如果大量的本国货币被海外掌控，那么本国就不得不为外国劳动，最终将会面临国家破产的风险。⊖

此外，有些国家为了让外国人为本国提供劳动，从一开始就会借外币。当年阿根廷发生的财政危机就属于这种情况。⊖像阿根廷这样经济不发达的国家，即便用本国货币支付，也很难吸引其他国家的人来工作。

于是，阿根廷借用诸如美元等具有国际信誉的货币，雇外国人帮本国劳动。为了偿还这些借来的外币，未来的民众就必须想尽办法获取外币。一旦民众无法偿还，国家就会破产。造成这种破产的原因就是他们在海外制造了"劳动债务"。

⊖ 有一种说法认为"日本的债务都是本国通货，因此只要印钱就可以还"。这么做确实能还上钱，但如果"劳动债务"太多，还是会像当时的德国一样经济破产。

⊖ 指 20 世纪 80 年代后阿根廷多次爆发的债务违约和政府破产。——译者注那些财政上破产的国家，其共同点就是过度依赖其他国家的劳动。[⊖]我并不是要责怪这些国家的人懒惰。大多数情况下，出现这种问题的原因在于政治和军事，至于希腊，则是因为欧元经济区的结构性问题等多重因素影响，导致其无法有效利用国内的劳动力。

无论是出于哪种原因，如果欠了其他国家的劳动，还不能靠劳动偿还，那么国家就会破产。这无论对于个人还是国家而言都是常识。根源不在于欠了多少钱，而是有没有劳动。

上一代人留下的是什么

下面让我们回到当代日本的话题。

日本政府每年都会从税收或国债中抽出大约 100 万亿日元的钱，并用这笔钱雇一批人工作。要是这些人都在国内的话，钱就不会跑到海外去。

⊖　第一次世界大战后的德国并没有让其他国家帮他们劳动，不过战争赔款给他们制造了"劳动债务"。

　　然而，来自海外的帮助不可能完全没有，这些钱或多或少也会产生一点"劳动债务"。这笔债务与日本政府发行国债带来的政府债务没有关系。只要你通过进口的方式让外国人帮忙，就难以避免"劳动债务"的产生。⊖

　　然而民间的经济活动是出口大于进口，因此制造了更多的"劳动债权"。所以当我们将政府和民间的经济活动全部考虑在内，最终得出的"劳动借贷"就成为前文所讲的贸易顺差和贸易逆差。

　　"国家的钱包"中包含了"政府的钱包""个人的钱包"还有"企业的钱包"。如果日本积累了贸易逆差，使得外国持有大量日元，日本就会产生许多"劳动债务"，那么以后的日本人就不得不替外国人劳动了。

　　⊖ 让外国人帮忙劳动会制造"劳动债务"，而借钱给外国人则不会制造"劳动债务"。例如，帮过日本工作的 A 国现在持有 10 万亿日元，即日本对 A 国的"劳动债务"是 10 万亿日元。如果 A 国花了其中的 3 万亿日元购买日本国债，日本对 A 国的"劳动债务"也不会增加。但要是日本用这 3 万亿日元来雇用国内的人工作，那么这笔钱就会留在国内。因为即便我们不去替 A 国工作，也可以通过增税等方式凑钱偿还这 3 万亿日元。但是，如果我们使用这 3 万亿日元从 A 国进口铁矿石，那么对 A 国的"劳动债务"会再增加 3 万亿日元。所以说重要的不是向谁借钱，而是谁来帮我们劳动。

但幸运的是，日本长期以来积累的是大量的贸易顺差。哪怕到了将来，我们还是需要为外国人劳动，但那也不至于是被强迫的。虽然日本政府背负着债务，但这并不意味着以后必须要靠额外劳动去返还税金，更不需要替外国人打工。这下终于可以放心了。

下面我们终于可以进入本书的主题。

尽管经济是关乎整个社会的问题，但实际上人们往往只关注自己的钱包。我一直在努力尝试解开人们"对金钱的误解"，防止现代社会陷入个人主义。我认为，正是这种误解导致了我们在时间和空间两个维度上的撕裂。

空间维度上的撕裂来源于人们的一种错误认识，即"钱包里的钱撑起了日常生活"。事实上，我们的生活支柱反而来自钱包外的空间。在每个人的钱包之外，互帮互助、互为支撑才是生活的基调。

时间维度上的撕裂，即代际上的撕裂源于日本政府的债务。虽然我们嘴上可以说："现在的富裕生活要归功于过去人们的积累"，但心里也高兴不起来，因为政府欠下了大量的债务留给了后人。

但这也是一个误区。政府的债务反过来就是个人和企业的存款。事实上，我们正在做的其实是储蓄外汇，增加对外国的"劳动债权"。

虽然曾经的我们或许能做出更好的选择，让社会变得更好，但现在的情况其实也没那么差。

光阴似箭，日月如梭。时间从过去缓缓流淌至今，又向未来奔腾而去。就像过去的人们齐心协力打造了现在的社会一样，生活在现在的我们也应该共同携手、创造未来。

那么，为了未来的社会，我们应该做些什么呢？

实际上，这个答案就隐藏在养老金问题中。养老金问题的核心不在于我们应当怎样感谢老人们打造了现代社会，而在于应该怎样为未来的孩子们着想。

第 11 章

为了更好的明天，增加更多的金钱有意义吗

所有人都会迎来退休。

所以，提前为退休生活做打算，也是在为我们的未来做打算。

下列选项中哪项可以打消我们对退休生活的担忧？

A 比别人攒更多的钱。

B 多攒点外汇以便日后可以依靠外国的帮助。

C 全社会共同抚养我们的后代。

答案

答案因"我们"
的定义的不同
而不同

养老问题就像在玩抢座位游戏

每年元旦，NHK 都会直播维也纳新年音乐会。这项备受全球关注的盛大活动会向全球 90 多个国家进行转播。

维也纳爱乐乐团的票价非常昂贵，最贵的座位票价甚至接近 15 万日元 / 张。更何况就算你愿意出高价，也不一定能够买到票。世界各地的观众会在这个不足 2000 个座位的演出厅掀起一波抢票热潮。这可能是全球最为激烈的"抢座位游戏"。

如果座位数量不足以满足所有观众，那么即便花了钱也得不到座位。这就好比幼儿园的"待机儿童问题"。如果输掉这场抢座位游戏，那么就只能作为"待机儿童"等位子空出来。解决这个问题的唯一办法就是增加座位数量，这一点不言自明。

而参加人数最多的还不是维也纳的新年音乐会，而是退休之后的"抢座位游戏"。

在新元号令和的头一年[○]，所谓"退休后需要准备2000万日元的资金养老"成为社会热点话题。有人发现，一个人如果想安度晚年，光靠养老金肯定不够，还需要额外准备每户2000万日元的储蓄。这种想法认为只要准备了充足的钱，就能够坐上安稳退休的"位子"。不可否认的是，这场"抢座位游戏"中的"座位数量"也是少于"参加人数"。随着人口老龄化的加剧，年轻人口减少就必然导致大量的老年人需要延迟退休或继续劳动。

由于座位数量有限，如果每个人都去攒钱买座位，那么座位的价格就会越来越高。到时候，你哪怕攒上2000万日元也可能不够。要想在这场游戏中获胜，就需要比别人攒下更多的钱。当然，你可以购买一些"投资"

○　指 2019 年。——译者注

相关的书，学习股票、外汇、虚拟货币等相关知识，通过这种赌博来赢得胜利。

不过，要想真正解决问题，还不如想想怎样才能增加座位的数量。为此，你就必须先考虑经济和金钱的本质问题。

这场关于退休问题的讨论将会是我们思考未来的绝佳契机。

养老金储蓄也不过是"金钱的转移"

首先，让我们从养老金制度的结构开始讲起。

我说过，国家的钱包中有三个大钱包，政府的钱包、个人的钱包以及企业的钱包。不过，这里其实还有第四个大钱包，也就是"养老金的钱包"。虽然钱包数量多了一个，但本质并不会改变，钱还是只会在钱包之间流动。

在日本的养老金制度中，20岁到60岁的人群被称为"在职人员"，这部分人每月都要缴纳养老保险费。这笔钱由养老金的钱包保管，并分配给 65 岁以上的退休人员作为养老金。

此外，政府的钱包中也有一些用来填补养老金的资金。当然，其中包括我们缴纳的税。养老金的钱包中存放的资金也会被用来投资股票、国债等理财项目，所获得的收益也会进入这个钱包。以上就是养老金的概述。参见图 11-1。

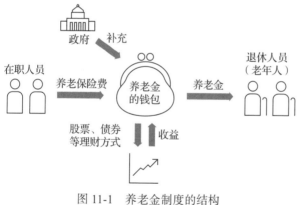

图 11-1 养老金制度的结构

随着人口老龄化的加剧，在职人员的数量不断减少，而退休人员则持续增加。因此，政府已多次提高养老保险费，每年由政府填补的资金也越来越多。

此时很多人可能会抱怨："过去的人应该支付更多的养老保险费。要是养老金的钱包里的钱再多一些，我们的压力就能少一些。可我们现在只能比以前多干一些工作，才能支撑目前的养老压力。"

这种误解就和前面提到的日本债务问题一样。过去的人没法让现在的人工作。钱不会消失，只是转移了位置。

现在，我们假设养老金的钱包里有 200 万亿日元，个人的钱包里有 1000 万亿日元。如果提高了过去的养老保险费，养老金的钱包里面可能就不止是 200 万亿日元，而是 400 万亿日元。然而与此同时，个人钱包里的钱也从 1000 万亿日元减少到了 800 万亿日元。也就是说，我们从父母那里继承的个人资产减少了。

来自政府的资金流动，当然就是政府的钱包到其他钱包的流动。

此外，使用养老金中的资金进行理财所获得的收益，也属于钱包之间的转移。从股票股息中获得的收益，是来自企业的钱包的转移。从国债利息中获得的收益，是来自政府的钱包的转移。表面上看，股票价格上涨似乎可以增加财富，但若不将其抛售，这笔钱就到不了手里。就算能卖出去，这笔钱实际上也是从购买股票的人的钱包中流出的。以上这几种情况都是金钱在四个钱包之间的流转。参见图 11-2。

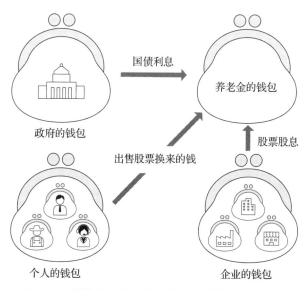

图 11-2　投资得来的收益也是来自其他钱包的转移

试图通过"投资"增加财富，为退休筹备 2000 万日元，也一样是钱包之间的转移。所有人都只是在相互抢夺金钱而已。

倘若问题出在自己身上，那么现在后悔"当时多攒点钱该多好"是正常的。因为你觉得自己的钱包有"外部"，所以你才会这么想。但是按照上面的论述来看，所有有关养老金的资金转移都是在国家的钱包内部发生的。所以不管是年轻的时候早做打算，还是后悔当初乱花钱，本质上都没什么意义（国家之外的情况稍后会提及）。

养老金问题的原因既不在过去的人身上，也不在钱的问题上。

那问题出在哪儿呢？老龄化社会中日益增长的"负担"又到底是个什么东西呢？

负担并不等于花钱

听到"负担"这个词，人们很容易联想到花钱。而说到养老金，我们经常会见到下面这张表。表 11-1 为我们展现了人口老龄化导致的人口结构剧变。

表 11-1　养老金问题频发的日本人口结构表

年份	20 ～ 64 岁的在职人员 （A）(千人)	65 岁以上的退休人员 （B）(千人)	A/B
1970	62 502	7 331	8.5
1980	70 607	10 653	6.6
1990	76 105	14 928	5.1
2000	78 878	22 041	3.6
2010	75 642	29 484	2.6
2020	68 829	36 191	1.9
2030	63 716	37 160	1.7
2040	55 426	39 206	1.4
2050	48 730	38 406	1.3

资料来源：2020 年及之前的数据出自总务省统计局人口统计。2030 年及之后的数据出自国立社会保障·人口问题研究所的日本未来人口预测（2017 年）。

一方面在职人员数量持续下滑，另一方面退休人员等老年人口在不断增长。1970 年需要 8.5 个人赡养 1 个老年人，这个数字到了 2020 年减至 1.9 个人。如果再这样发展下去，到了 2050 年就会变成 1.3 个人赡养 1 个老年人。

表 11-1 常常被用来说明养老保险费以及税收上涨的原因。然而，如果我们仍然将开支视作"负担"，就难免会把养老金问题等同于单纯的资金问题。如果我们仍然认为"养老金的钱包里的钱越多，我们的负担就越小"，

那么我们就还是回到问题的原点了。

还是让我们再确认一下经济指南针吧。

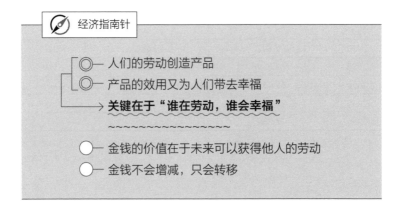

我们之所以能够维持生活，是因为有"劳动者"。有了"劳动者"，金钱才有价值。就算养老保险费和税收都下调了，2020 年还是只有 1.9 个人赡养 1 个老年人，这个事实不会改变。从劳动的角度来看，整个社会的负担并没有发生任何变化。

即便在过去，子女需要包揽父母的一切赡养义务，但这个义务还可以由四五个兄弟姐妹一起分担。然而现在只有一两个孩子能照顾老人，所以老龄化社会最大的问题，是人均的劳动负担在增加。

为此，我们需要重新思考经济的本质是什么。

我们对社会运营所承担的是"劳动"。通过劳动，我们进行生产，并将其成果分享给整个社会。其结果就是我们每个人的生活变得更加富裕。这就是经济。

无论是便利店的饭团，还是在家里餐桌上的饭团，或是受灾地区现蒸的饭团，都是人的劳动做出来的。生产不一定需要钱，有时候也可能免费。但是，如果没有人劳动，就生产不了任何东西。光靠一帮花了钱就自以为是的人是什么也造不出来的。

可见，是"为了花钱而付出的劳动"支撑着整个社会，而并非单纯的"花钱"。

然而专家们认为，经济问题就是关于钱的问题。哪怕是在讨论政府债务问题时，他们也只关心从谁那里借钱，而丝毫不关心国内人们的劳动。

在谈论养老金问题时，他们只会思考有关养老金的储蓄方式和支付方式的问题，抱怨"养老保险费比以前又贵了""到手的养老金少了"，并把这些统统划为钱的问题。但问题的关键不在于钱，而是在金钱的背后，我们的劳动者正在减少。如果意识不到劳动者的存在，我们就无法解决养老金问题。

忘记了"养育负担"的现代社会

假如从 2050 年开始领取养老金，情况将更加艰难。届时，每个老年人只有 1.3 个人提供看护，生活或许会更加不易。许多人可能不得不继续工作，哪怕已经年满 65 岁。

在 1970 年，还有大约 8 个在职人员可以赡养 1 个老年人。尽管当时的养老保险费相对较少，但这是否能证明当时人的负担很轻，或者说当时的人很幸运呢？

当然不能。金钱的流动所体现出来的负担只是很小一部分。当时的社会还存在一种金钱无法表示的巨大负担，那就是养育。

表 11-1 显示了在职人员和退休人员的比例，而表 11-2 展示了在职人员和儿童的比例。

表 11-2　养育带来的社会负担正在减轻

年份	20～64 岁的在职人员 （A）(千人)	0～19 岁的儿童 （C）(千人)	A/C
1940	34 733	33 746	1.0
1950	41 093	37 998	1.1
1960	50 693	37 376	1.4
1970	62 502	33 887	1.8
1980	70 607	35 801	2.0
1990	76 105	32 579	2.3
2000	78 878	26 007	3.0
2010	75 642	22 932	3.3
2020	68 829	20 688	3.3
2030	63 716	18 249	3.5
2040	55 426	16 287	3.4
2050	48 730	14 787	3.3

资料来源：2020 年及之前的数据出自总务省统计局人口统计。2030 年及之后的数据出自国立社会保障·人口问题研究所的日本未来人口预测（2017 年）。

在 1940 年，也就是 1970 年退休的人开始养育孩子的时候，1 个孩子仅有 1 个在职人员在抚养。而到了 2020 年，抚养 1 个孩子的在职人员已经增加到了 3.3 个人。

由于存在孩子的抚养负担，当几十年后孩子们都开始工作时，他们才能享受到人口结构的好处。

当我们讨论少子化问题时，基本上都会从"生育"的话题开始。在 1940 年的日本，平均 1 位女性一生中生育的孩子超过了 4 个。而在今天，这个数字已经降到了 1.3。

不过，有一件事你不觉得很奇怪吗？

当谈到养老金问题时，我们经常听到"x 个在职人员赡养 1 个老年人"的说法，但反过来我们几乎看不到"x 个在职人员抚养 1 个孩子"的统计数字。人们关心的好像只有 1 位女性生育的孩子数量。

在现代社会，虽然人们已经意识到老年人的生活是由社会支撑起来的，但是一说到养育，全社会互帮互助的想法好像反而消失了。

养育负担的减轻，问题不在于"父母"而在于"社会"。我们的社会已经不再养育孩子了。

我们这代人只看到老年人的占比，还抱怨自己的负担很重，却忘记了养育负担已经减轻了。

为了避免加重未来的负担，我们现在就需要增加抚养孩子的负担，从而恢复人口结构平衡。不要误会，这样做减轻的将会是整个社会的负担，而并非父母的负担。事实上，父母的负担反而增加了。

忘记了"互帮互助"的经济

过去的日本之所以能够养育许多孩子，不仅是由于父母的努力，还因为社会分担了养育孩子的负担。这种"负担"不仅仅是金钱上的问题。除了父母以外的其他家庭成员，以及亲戚、邻居、社区居民等都可以帮忙养育社区内的孩子。人们也因此习惯了在社区内养育孩子，整个社会都能够有效协调地参与到养育当中。

而在现代的日本，社区承担养育的机会已经越来越少了。相反，社会不仅不会帮助这些父母，反而对养育失去了宽容心。

现在当父母们带着小孩外出时，周围的目光就会显得异常刻薄。偶尔遇到一些温情，父母反而会非常感激。有时，带孩子的父母到了公园也会受到限制，原因是小孩子的声音太吵。有些人也反对在当地建立儿童看护设施，原因是他们认为这会降低土地的资产价值。这些都是经济手段与目的完全倒转的经典案例。

在过去，社区之间存在着一种不依靠金钱的互助经济模式，只有在邀请外来人员到社区劳动的时候才需要花费金钱。金钱只是一种手段，人们可以利用它的交涉能力来雇用陌生人。

然而，当金钱主宰的经济成为一种常识之后，经济的目的就变成了"增加更多的金钱"。因为这些无偿的互帮互助并不能增加 GDP，所以无法被算入经济活动当中，于是只能沦落为一种纯粹的道德行为。

少子化问题是一个象征，说明现代社会已经忘记了经济的目的就是互帮互助。经济为了人们能够互相帮助而存在，金钱只是其中一种互助手段而已，这一点我们必须要牢记。

养育负担沉甸甸地落在父母的肩上。父母们必须支付托儿所、家政服务等费用才能得到别人的帮助。

从金钱的角度来说，解决少子化问题当然需要进一步完善对育儿家庭的帮扶体系，通过一系列措施打造人人都能够互帮互助、分担养育的社会。

最重要的是，我们每个人都需要意识到"社会的抚养作用"，并且对孩子有一颗更加宽容的心。

无论土地的资产价值涨到多高，只要没有孩子，未来的社会撑不了太久。甚至到了未来，连买这些土地的人恐怕都不存在了。

"投资"就是为未来劳动

适当地进行投资也有助于解决未来的问题。

"消费"和"投资"是两种金钱的流动方式，也决定了劳动的用途。如果资金用于消费，我们的劳动就会用于当前的目的；而如果资金用于投资，我们的劳动就会作用于未来。

例如，假设我投资 100 亿日元买了一家机器人开发公司的股票。如果只看钱的话，这就像是一笔 100 亿日元的赌注。但如果我们关注劳动就能发现，这 100 亿日元流向了那些为了更好的未来而劳动的人们。如果这项研究开发出了一台护理机器人，我们就可以减轻未来社会的护理负担。

如果将这笔投资视为赚钱的手段，那么投资的成功与否取决于未来的股价。股价上涨就可以赚大钱。但是，从全社会的角度来看，股价并不重要。投资者出售股票所获得的资金，也不过是其他钱包中的转移。

对于全社会而言，重要的是这笔投资所产出的效用。事情的关键在于，现在的人们付出的 100 亿日元劳动，能够让未来的人们过上什么水平的生活。

公共投资和民间投资的目的都是打造未来的社会。⊖增加投资意味着增加为未来劳动的人们，而投资的方向则表示了我们想要打造一个什么样的未来。

近年来，SDGs⊖的投资项目备受企业的关注，这恰

⊖ 只看金钱的流动可能会让人觉得投资养老金的钱包没有意义。但是拿这些钱做的投资可以增加未来社会的效用，在这个层面上的意义是非同寻常的。

⊖ SDGs 是 2015 年联合国可持续发展峰会上通过的可持续发展目标（Sustainable Development Goals）。由"确保健康的生活方式，促进各年龄段人群的福祉""确保包容、公平的优质教育，促进全民享有终身学习机会""采取紧急行动应对气候变化及其影响"等 17 个主要目标，以及为了实现主要目标的 169 个细项目标组成。

恰表示了人们"对未来发展的蓝图"。

然而，投资只是一种推动未来发展的手段。如果人们只是打着 SDGs 的旗号来集资，或者是为了赚钱而投资 SDGs 的股票，那么未来社会也不会变得更好。

如果是对日本国内的投资，那么这就只是钱包之间的资金转移，并不会增加国内的资金。但如果是对外投资，就会涉及"国家钱包"外部的资金交换。假如对外投资赚了钱，就会有外汇流入"国家钱包"。于是投资就可以像贸易一样，通过增加外汇的形式增加对外国的"劳动债权"。这样，我们以后就可以让外国人承担部分国内所需的劳动。这也是未来解决"日本式"问题的一个选择。

"我们"到底指谁

接下来，就让我们回到本章开头的问题吧。

下列选项中哪项可以打消我们对退休生活的担忧?

A 比别人攒更多的钱。

B 多攒点外汇以便日后可以依靠外国的帮助。

C 全社会共同抚养我们的后代。

如果这里的"我们"指的是自己和家人，那么正确答案是选项 A。只要攒出比别人更多的钱，就可以在这场"抢座位游戏"中获胜。由此看来，选项 A 将会比选项 B 或选项 C 更为有效。

但是，若将"我们"的范围扩展到整个国家，选项 A 就不再是正确答案了，选项 B 或选项 C 才是正确答案。那么如果我们再进一步，将"我们"的范围扩展到"全社会"呢？

若是那样，则选项 B 不再是正确答案。届时我们会意识到，储蓄外汇只是把国内问题推给外国而已。选项 C 将会是唯一的正确答案。

我们生活的社会面临着各种各样的问题。如果问题是物资或工作的分配不均，则或许可以通过发钱来解决。

但是，涉及社会整体的问题无法通过金钱解决。有些人自以为能解决，是因为他们对"我们"的定义范围太小了。重重矛盾和不利因素的影响已经超出了"我们"的范围。

当"我们"的范围扩大到全社会，金钱就会显得软弱无力。金钱会荡然无存，而劳动会浮出水面。我们便能意识到，充分利用自然资源，通过合作来解决问题的重要性。

"我们必须共同努力、互帮互助，珍惜人类赖以生存的大自然。"

这是一句我们在道德课上听到厌烦的话。虽然没有人会质疑这句话的对错，但我们往往会觉得这段论述和经济毫不相干。然而正如我在本书中反复强调的那样，深入探讨经济和金钱之后，最终还是会得出同样的结论。

这就好比有一群人共同生活在一座孤岛上。岛上没有钱，这些人只能派几个人到海里捞鱼，再派几个人到森林里采果子和蘑菇。有的人会花一年时间种出大米和蔬菜，有的人则能建造抵御风雪的住房以备寒冬。他们齐心协力维持着现在的生活，准备迎接更美好的未来。

不使用金钱的经济体会以"人"为中心认识经济。因为人们考虑的是"谁在劳动，谁会幸福"的问题，所以他们可以直观地理解经济。

后来，这座岛上的人口增长到 1.2 亿。虽然人们引入了货币制度，不过大家依然共同生活。然而，随着人们渐渐习惯了这种生活方式，于是大家便开始将"金钱"置于经济的中心。经济变得不再直观，理解起来愈发困难。

人们开始觉得："经济这么复杂的问题就让专家来处理吧。经济肯定还在发挥作用。我只要老老实实挣钱，未来应该会更好。"

在本书的第 3 部分中，我们以"人"为中心重新认识了贸易、通货膨胀、日本政府债务以及养老金问题。只需思考"谁在劳动，谁会幸福"这一个问题，复杂的经济就会变得简单且直观。

如果你发现专家们嘴上说着"为了经济"，但实际上好像谁也没得到好处，那你最好保持一颗怀疑的心。就算他们的专业术语生涩难懂，但你的直觉一定是对的。经济本来就是这么简单，就是如此生动。

结语 "我们的朋友圈"有多大

本书一直在深入探讨金钱的问题。

可是我们越是深入这个话题，讨论的内容就越倾向变为道德问题。那是因为此时此刻，"我们"一词所指的范围正在逐步拓宽到社会的方方面面。

我们的身边都有一个"朋友圈"，区分着里面和外面。如果圈子在变大，这个社会将会更加美好。而我们在现代社会中时而感受到的孤独感和封闭感，也可以通过扩大这个圈子来缓解。

那么，我们应该如何开拓"我们的朋友圈"呢？

这是我留给大家的最后一个问题，希望大家可以和我一起思考。

"我们的朋友圈"会随着外部环境的改变而改变。比如我们打开家里的冰箱，问爸妈"中午吃什么"的时候，这个圈子就只包含家人。而在其他情况下，这个圈子有时包括公司的同事，有时则包括其他国家的人。

这种"朋友圈"代表的是拥有共同目标的圈子。圈子里的"我们"就是为了达成一个共同目标的合作伙伴。我们和家人的目标是"一起过日子"，所以一家人会分担做饭、打扫、带孩子等家务，共同完成目标。

我想，这似乎就是本书开头所提到的"荞麦面之谜"的答案。圈子里面的人帮了忙，我们会感谢帮忙干活的人；而圈子外面的人帮了忙，我们就会感谢花钱雇来的人。对待同一件事情，我们对圈子内外的看法简直完全相反。

我小时候，只要中午想吃荞麦面，马上就能让经营荞麦面馆的父母做一碗。这就是圈子里面的人在帮忙，我自然会感谢帮我做饭的父母。

若是我家没有开荞麦面馆，那要自己做一碗荞麦面可就难了。要么只能去超市买几袋面，要么只能一家人去下馆子。此时我就需要感谢圈子外面的人的帮助。

一到这种时候，人们往往会感谢"替我掏钱的人"，而不是"帮我干活的人"。如果是父母带着去了荞麦面馆，那么就会感谢掏钱的父母，并且在掏钱的客人当中，还会有人因为自己是顾客而趾高气扬。

区分圈子内外的标准是有没有共同目标。倘若荞麦面馆的目标就是挣钱，而吃面的客人只相信手里的钱，那么这两者就没法找到共同目标。

要想找到共同目标就只有一个办法。那就是发现金钱的背后有"人"的存在。

荞麦面馆应该为了"让客人吃到好吃的荞麦面"而劳动，而客人则应该认识到"多亏了面馆师傅的劳动，自己才能吃到好吃的荞麦面"。这样二者就可以拥有共同的目标，进入同一个"朋友圈"当中。人们的消费行为也就拥有了对那些为我们付出的人表达感谢的用意。

这并不是什么痴心妄想。在现实当中，我们都会在各种场景中无意识地践行这一点。

新冠疫情影响了整个世界，疫情发生后我们常常能听到一个词，叫作"关键工人"，意思就是医护人员和粮食生产者等维持社会正常运转的劳动者。

虽然他们也拿着薪水劳动，但他们有一个共同目标，即"维持人们的日常生活"。所以很多人都将他们视作自己朋友圈之内的人，并对他们的敬业表示感激。没有谁会觉得"我花钱他干活，这不是理所当然的吗?"事实上，后来政府决定向支援新冠疫情防护的医疗人员支付每人20万日元的补助金，却没有任何人出来反对。这是因为政府花的这笔钱，象征的是对他们救死扶伤的感谢。

当某地遭受灾害时，我们的朋友圈就会迅速扩大。然后我们就能立刻体会到人与人之间的互帮互助，以及全社会的凝聚力。正因为这种凝聚力的存在，我们才能真正将全社会面临的难题视为己任，而不是在一旁袖手旁观。

我们的朋友圈会在发生自然灾害时扩大，是因为全社会共有"恢复日常生活"这个目标。但其实还有一个理由，就是大家都明白要想实现这个目标，光靠钱是怎么也办不到的。

东日本大地震时，自卫队、志愿者、美军以及来自五湖四海的救援队都奔赴受灾地区开展救援活动。大家心里都明白，要是没有这些在现场实施救援的人，光是有钱又能解决什么问题呢？最后，全世界的人们凝聚在一个目标下，共同完成了救灾任务。

虽然当时的我们陷入困境，但是社会在广泛范围内显现出一种凝聚力。这种力量不局限于国内，就连全世界的人都能够意识到彼此之间的依赖。自然灾害的打击并没有改变社会结构，改变的是我们的感知方式。

钱并不是只有发生灾害的时候才不是万能的。哪怕是平常时期，也没有任何一个问题单凭钱就能解决。花钱不过是把问题推给了圈子以外的人，让他们想办法去解决。而在圈子之外，必然会有"某个人"在设法解决你推出去的问题。

然而到了现代，"金钱万能论"的错觉正在四处蔓延。就好比养老资产需要 2000 万日元的问题一样，当人们只考虑用"投资"这种赌博的方式赚钱时，"我们的朋友圈"只会越来越小。

能否共同拥有一个目标，取决于我们每个人的感受。在新冠疫情期间，超市店员并不是因为突然被定义成"关键工人"而顿时产生了使命感。而是在平常时期，许多人或多或少都会在工作中怀有这样的使命感。

我相信，无论是我还是其他任何人，都不只是为了多挣点钱而工作。我们平时可能会帮助忙碌的同事分担任务，或者为了满足顾客的需求而工作。

有时候，金钱的确会掩盖人的存在，但在金钱的背后一定有某个人的身影。只要我们能想起他们，并为彼此增添更多的共同目标，那么"我们的朋友圈"就能越来越大。

前文中提到的SDGs列举了17个主要目标。如果我们能共同实现这些目标，"我们的朋友圈"不仅会扩大到全世界，还会延伸至未来。这正是因为，创造可持续发展的社会就是我们和未来的人们的共同目标。

SDGs中提出的目标包括"在世界各地消除一切形式的贫困""确保健康的生活方式，促进各年龄段人群的福祉""确保包容、公平的优质教育，促进全民享有终身学习机会""实现性别平等，为所有妇女、女童赋权""建设包容、安全、有风险抵御能力和可持续的城市及人类住区""促进有利于可持续发展的和平和包容社会，为所有人提供诉诸司法的机会，在各层级建立有效、负责和包容的机构"等。如果能够实现这些目标，"我们"的世界就会变得更幸福、更美好。当然，这里的"我们"指的是世界上所有的人。

本书从以人为中心的角度来理解经济。长期以来，为了实现人们的幸福，我所思考的一直是一个围绕着钱转的经济。

然而，如果以钱为中心来理解经济，那么我们的手段和目的就会颠倒过来。

许多企业家和咨询顾问认为："我们应该致力于实现 SDGs，不能错过这样一个赚钱的商机""我们应该将 SDGs 列为公司理念，以便吸引投资"。这种想法只会让好不容易才推广至全球的"朋友圈"迅速缩小到一个企业的规模。

在一些专门从事全社会布局的专家中，也有一些人主张:"为了经济效果和就业,我们应该致力于实现 SDGs。"

如果他们所说的"经济"话题让你感到晦涩难懂,请不要认为是"自己的知识不足"。这是因为那些人嘴上的"经济"的目的并不是增加人们的幸福感,而是增加金钱或就业。所以你听不懂他们的话也没必要在意。

既然经济的目的就是增加人们的幸福感,那么把经济学交给这些专家也没什么用。你应该自己去思考。相信你已经意识到,经济学并没有想象中那么高深。

考虑经济学问题时,我们需要把金钱的存在抛开,仔细思考那些藏在背后的人。比如当得到这笔钱时,有谁会感到幸福;当支付这笔钱时,有谁会为你劳动。

只要考虑谁在劳动和谁会幸福,我们就可以简单直观地认识经济问题。

金钱的背后是人。

只要每个人都意识到这一点,"我们"的范围就会扩大。经济的目的就会从增加金钱和就业,转变为增加我们的幸福感。

即使一个人的认识改变了，整个社会也不会立刻改变。金钱的用途以及政治也不会改变。

只要……

有句老话叫："每个人的力量虽然微不足道，但并非无能为力。"尽管我的力量微不足道，但我还是写了这本书。这就是我对"如何扩大'我们的朋友圈'"这个问题的答案。

我相信，只有累积每一个微小的力量，这个社会才会更好。

你认为如何呢？

田内学
2021 年 9 月

参考資料

・『飛鳥の木簡∶古代史の新たな解明』市大樹 著／中央公論新社（2012）

・『中国銅銭の世界∶銭貨から経済史へ』宮澤知之 著／佛教大学通信教育部（2007）

・『日本ビール検定公式テキスト∶知って広がるビールの世界』改訂新版』日本ビール文化研究会 監修／実業之日本社（2014）

・『西ドイツ その人々の歴史〈全訳世界の歴史教科書シリーズ15〉』ハンス=エーベリング、ウォルフガング=ビルケンフェルト 著／帝国書院（1982）

・『昭和財政史 終戦から講和まで 第19巻』大蔵省財政史室 編／東洋経済新報社（1978）

・『立命館経済学 59巻5号』「ドイツの賠償支払い・トランスファー問題とケインズ」松川周二 著（2011）

・『文学・芸術・文化 第24巻第2号』「ヴェルサイユ条約とケインズ（2）」高橋章夫 著（2013）

・『調査と情報　第228号　戦後補償問題―総論（1）』国立国会図書館調査及び立法調査局編（1993）

・『経済学論纂（中央大学）第61巻第1号』「戦争財政の後始末―インフレ，財産税，戦時補償債務，国債負担の顛末―」関野満夫 著（2020）

・『國史大事典　第7巻』国史大辞典編集委員会 編／吉川弘文館（1986）

・『日本長期統計総覧第4巻』日本統計協会 編（1988）

・『頭の体操シリーズ』多湖輝 著／光文社

・『若い読者のための経済学史』ナイアル・キシテイニー 著／すばる舎（2018）

・『欧州の国際関係 1919―1946 フランス外交の視角から』大井孝 著／たちばな出版（2008）

・『奇跡の経済教室【基礎知識編】』中野剛志 著／KKベストセラーズ（2019）

・『世界は贈与でできている』近内悠太 著／NewsPicksパブリッシング（2020）

・『インベスターZ』三田紀房 著／講談社

・日本銀行金融研究所「和同開珎にみる税と給料」

・季刊大林「No.」ピラミッド」

・日本銀行時系列統計データ検索サイト「資金循環」

・日本取引所グループ「その他統計資料」

・鳥取県「平成30年度鳥取県県民経済計算」

・財務省貿易統計「年別輸出入総額の推移表（1950年以降）」

・財務省「令和元年末現在本邦対外資産負債残高の概要」

・財務省　「令和2年度一般会計補正後予算　歳出と歳入の構成」

・総務省統計局「人口推計」

・国立社会保障・人口問題研究所「日本の将来推計人口」（平成29年推計）

・U.S. DEPARTMENT OF THE TREASURY「MAJOR FOREIGN HOLDERS OF TREASURY SECURITIES」

・朝日新聞デジタル「新紙幣発行の経済効果1．6兆円　前回刷新時から倍増？」（2019年4月10日）

马特·里德利系列丛书

创新的起源：一部科学技术进步史
ISBN：978-7-111-68436-7

揭开科技创新的重重面纱，开拓自主创新时代的科技史读本

基因组：生命之书 23 章
ISBN：978-7-111-67420-7

基因组解锁生命科学的全新世界，一篇关于人类与生命的故事，华大 CEO 尹烨翻译，钟南山院士等 8 名院士推荐

先天后天：基因、经验及什么使我们成为人（珍藏版）
ISBN：978-7-111-68370-9

人类天赋因何而生，后天教育能改变人生与人性，解读基因、环境与人类行为的故事

美德的起源：人类本能与协作的进化（珍藏版）
ISBN：978-7-111-67996-0

自私的基因如何演化出利他的社会性，一部从动物性到社会性的复杂演化史，道金斯认可的《自私的基因》续作

理性乐观派：一部人类经济进步史（典藏版）
ISBN：978-7-111-69446-5

全球思想家正在阅读，为什么一切都会变好？

自下而上（珍藏版）
ISBN：978-7-111-69595-0

自然界没有顶层设计，一切源于野蛮生长，道德、政府、科技、经济也在遵循同样的演讲逻辑